POUPÉES & AMIGURUMIS de Noël *au crochet*

+30 de **personnages** et **accessoires**

les éditions de saxe

Poupées et amigurumis de Noël au crochet

SOMMAIRE

10 — Cerf de Noël — AnnaB

18 — Alba, the Christmas Tree girl — Carla Mitrani

24 — Mini poupées de Noël — @loudesbois.by.jen

34 — Calendrier de l'Avent — Julia Dupé

42 — Chats de Noël — Laëtitia B

Poupées et amigurumis de Noël au crochet

◆ ◆ ◆

Les bases du crochet 4
Points et abréviations 9

52
Poupée Alix
et ses accessoires
Lulu Compotine

62
Liluth
la lutine
Little Bichons

72
Pierre,
le pingouin de Noël
Soledad

78
Papa et maman
Noël
Valentin Carlettini

88
Archibald
le casse-noisette
Ligne rétro

Technique

Les BASES du CROCHET

Début de boucle / Anneau magique

Étape 1 :
Enrouler le fil 2 fois autour de l'index,
piquer le crochet à travers les boucles.

Étape 2 :
1 jeté et écouler la boucle sur le crochet.
Puis crocheter le nombre de mailles voulues
dans cet anneau.
À la fin du tour, tirer sur le fil du début
pour resserrer l'anneau.

①

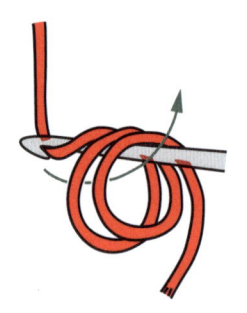

②

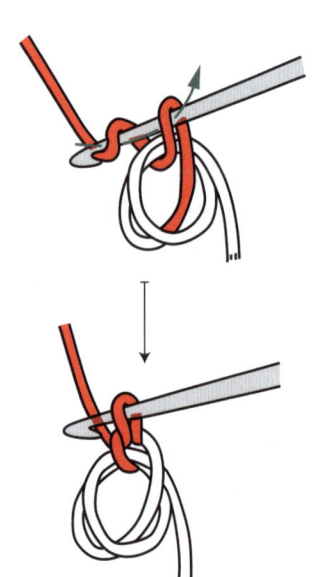

Nœud de base

Étape 1 :
Mettre le fil derrière le fil et tourner le crochet
en suivant la flèche.

Étape 2 :
Maintenir la boucle obtenue à l'aide du pouce.
Puis entourer le fil autour du crochet (= 1 jeté)
comme le montre le schéma.

Étape 3 :
Passer le jeté à travers la boucle.

Étape 4 :
Tirer l'extrémité du fil vers le bas
pour resserrer la boucle nouvellement formée.

①

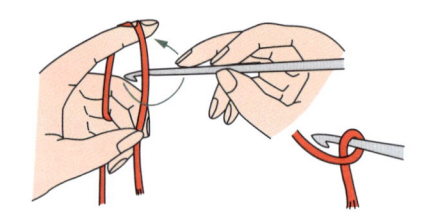

②

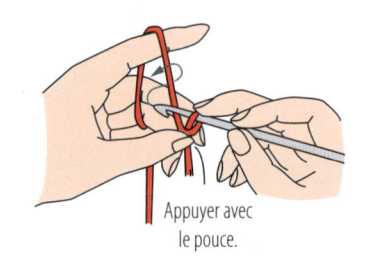

Appuyer avec le pouce.

③

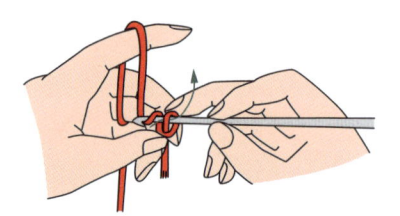

④

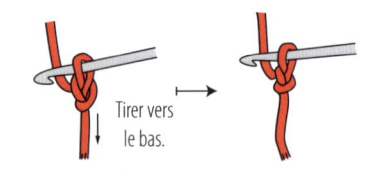

Tirer vers le bas.

Les bases du crochet

Brides

3 mailles en l'air pour arriver à la bonne hauteur.

Étape 1 :
1 jeté avant de piquer le crochet dans la maille précisée par la flèche.

Étape 2 :
1 jeté, le ramener à travers la maille.

Étape 3 :
Faire 1 autre jeté et le passer à travers 2 boucles sur le crochet.

Étape 4 :
Faire 1 jeté et le passer à travers les 2 boucles restantes sur le crochet. La bride est terminée.

Pour les brides suivantes, répéter les étapes 1 à 4.

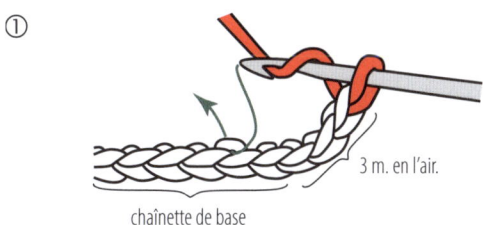

①

3 m. en l'air.
chaînette de base

②

③

④

Demi-brides

2 maille en l'air pour arriver à la bonne hauteur.

Étape 1 :
Faire 1 jeté avant de piquer le crochet dans la maille indiquée par la flèche

Étape 2 :
1 jeté, le ramener à travers la maille, faire 1 autre jeté et le ramener à travers toutes les boucles sur le crochet.
Puis répéter les 2 étapes pour les autres demi-brides.

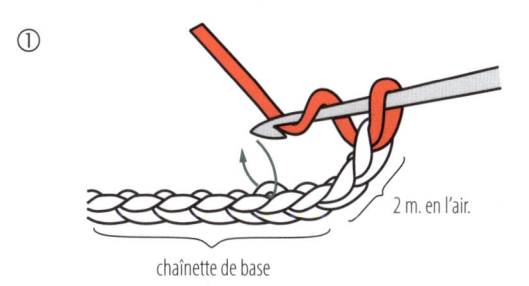

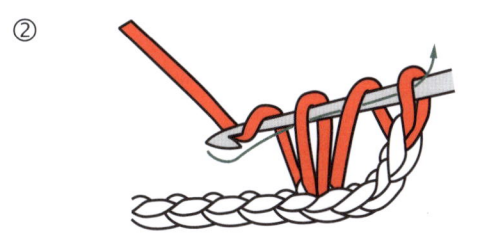

①

2 m. en l'air.
chaînette de base

②

③

Technique

Maille-air

Étape 1 :
Faire 1 jeté sur le crochet, en prenant le fil selon la flèche.

Étape 2 :
Passer le jeté à travers la boucle sur le crochet (= écouler 1 boucle) pour former la 1re maille en l'air.

Étape 3 :
1 jeté et l'écouler pour former la maille en l'air suivante.

Étape 4 :
Répéter cette opération autant de fois que nécessaire.

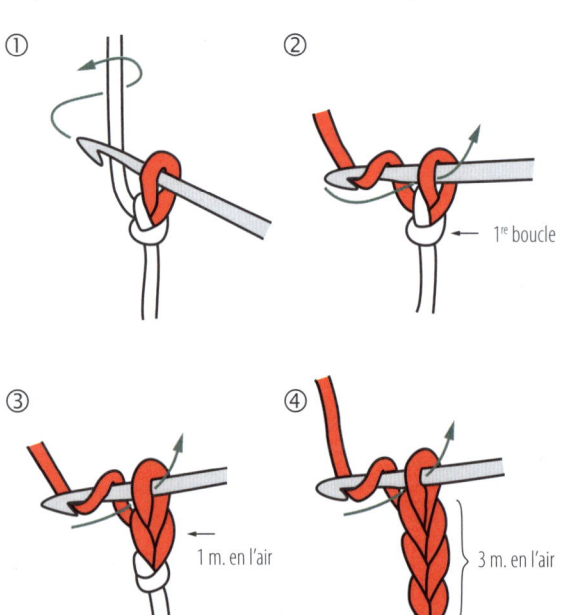

① ②
← 1re boucle

③ ④
1 m. en l'air   3 m. en l'air

Maille serrée

Étape 1 :
1 maille en l'air pour tourner le travail, puis piquer le crochet en suivant la flèche.

Étape 2 :
Entourer le fil autour du crochet (= 1 jeté), et le ramener à travers la maille.

Étape 3 :
1 jeté et le passer sur toutes les boucles sur le crochet (= écouler les mailles).

Étape 4 :
La maille serrée est terminée.

Étape 5 :
3 mailles serrées sont terminées.

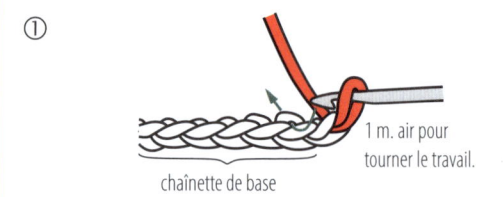

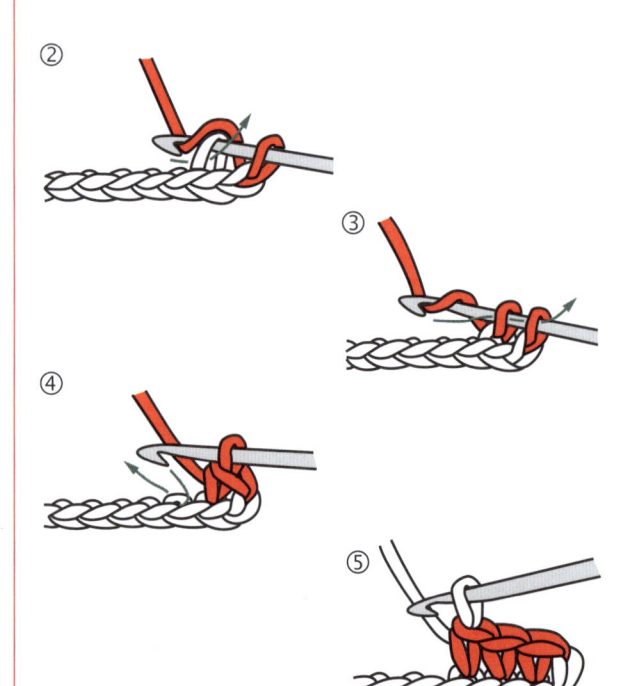

①
1 m. air pour tourner le travail.
chaînette de base

②

③

④

⑤

Poupées et amigurumis de Noël au crochet

Les bases du crochet

Maille coulée

Étape 1 :
Piquer le crochet dans la maille selon la flèche.
Étape 2 :
Entourer le fil autour du crochet (= 1 jeté),
et le ramener à travers la maille et la boucle
sur le crochet.
Étape 3 :
Piquer le crochet dans la maille suivante.
Étape 4 :
1 jeté et le ramener à travers la maille et la boucle
sur le crochet.
Continuer selon le même principe.

① 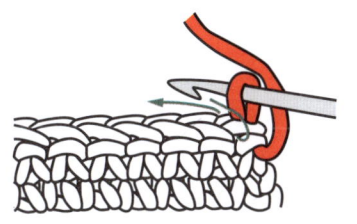
② 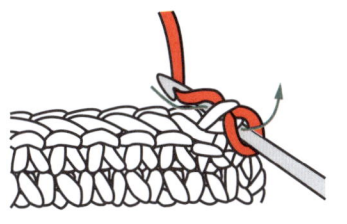
③ 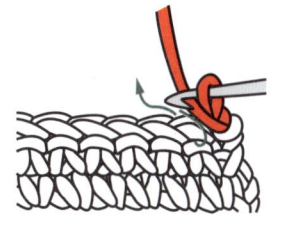
④

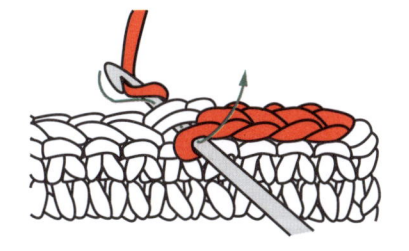

Diminution simple

Étape 1 :
Piquer le crochet dans 1 maille,
1 jeté, le ramener à travers la maille,
puis répéter l'opération sur la maille suivante.
Étape 2 :
Faire 1 jeté et le passer à travers les 3 boucles
sur le crochet.
Étape 3 :
La diminution est terminée

① 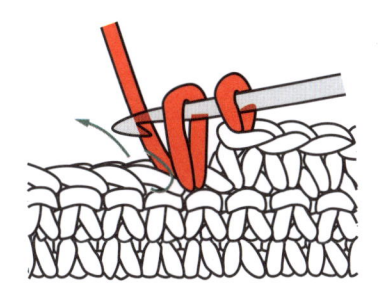
② 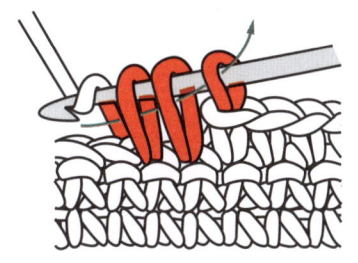
③

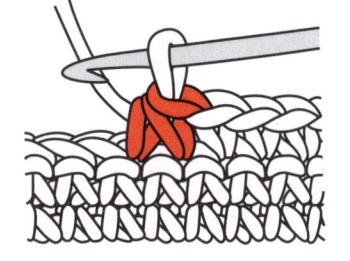

Technique

Augmentation simple

Étape 1 :
Piquer le crochet dans la maille voulue, crocheter 1 maille serrée, puis repiquer le crochet dans la même maille.

Étape 2 :
Faire 1 jeté et le ramener à travers la maille, 1 jeté et le passer à travers les 2 boucles sur le crochet.

Étape 3 :
L'augmentation est terminée.

①

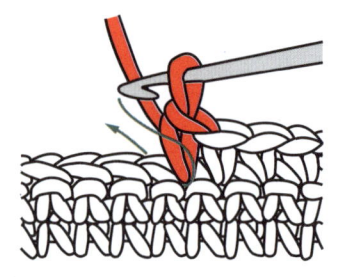

②

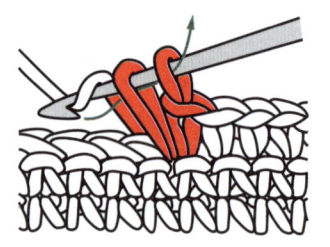

③

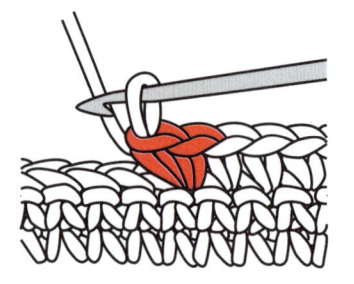

Ovale

Certaines pièces commencent sur un ovale, autour d'une chaînette de mailles en l'air.

Crocheter autant de mailles en l'air que mentionné sur le modèle. Passer la 1re maille sur le crochet, et crocheter 1 maille serrée dans la maille suivante. Crocheter les mailles suivantes dans chaque maille en l'air de la chaînette selon les indications données, sachant qu'en général, plusieurs mailles sont crochetées sur la dernière maille en l'air. Puis, tourner le travail pour crocheter de l'autre côté de la chaînette de base.
Crocheter les mailles serrées dans chaque maille en l'air. Une fois terminée, le dernier point se situe à côté du tout 1er.

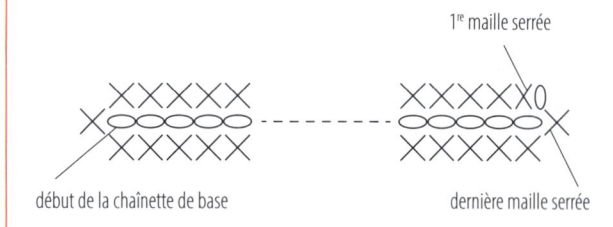

1re maille serrée

début de la chaînette de base — dernière maille serrée

○ **1 maille en l'air :** 1 jeté, écouler la boucle sur le crochet.
× **1 maille serrée :** piquer le crochet dans 1 m., 1 jeté à travers la m., 1 jeté, écouler ttes les boucles sur le crochet.

Les bases du crochet

Points et abréviations

R : rang(s)

T : tour(s)

m : maille(s)

mc : maille(s) coulée(s)

ml : maille(s) en l'air

ms : maille(s) serrée(s)

B : bride(s)

db : demi-bride(s)

---

dim :
diminution(s)
= crocheter 2 mailles serrées ensemble.

dim de dB :
diminution(s) de demi-brides
= crocheter 2 demi-brides ensemble.

aug :
augmentation(s)
= crocheter 2 mailles serrées dans la même maille.

augD :
augmentation(s) double
= crocheter 3 mailles serrées dans la même maille.

augB :
augmentation(s) en brides
= crocheter 2 brides dans la même maille.

augdB :
augmentation(s) de demi-brides
= crocheter 2 demi-brides dans la même maille.

Picot
= 3 mailles en l'air, 1 maille coulée piquée dans la 1re maille en l'air.

CERF
de Noël

Auteure : AnnaB
Instagram : @annab.shop
Pinterest : AnnaB

❄

Ce cerf a été créé pour décorer une table de fête mais vous pouvez aussi le mettre en décoration de chambre d'enfant par exemple ou sur un chemin de table orné d'une guirlande lumineuse, sous une jolie cloche de verre ou même au pied du sapin de Noël. Pour la version biche de Noël, ne réalisez pas les bois, qui seront réservés au cerf.

Dimensions
Hauteur : environ 28 cm

Fournitures

* Fil Natura Just Cotton DMC, 1 pelote dans les coloris suivants : n°37 Canelle (beige), n°35 Nascar (craie), n°09 Gris argent (gris moyen), n°11 Noir (noir), n°41 Siena (marron), n°105 Orange (orange), n°81 Acanthe (chair), et quelques grammes de n°82 Lobélia (rose)
* Ouate de rembourrage
* 1 morceau de fil de fer souple d'environ 20 cm
* 1 crochet n°2,5
* 1 aiguille à broder
* 1 paire de ciseaux
* Anneaux marqueurs amovibles

Bonus — Scannez le QRcode

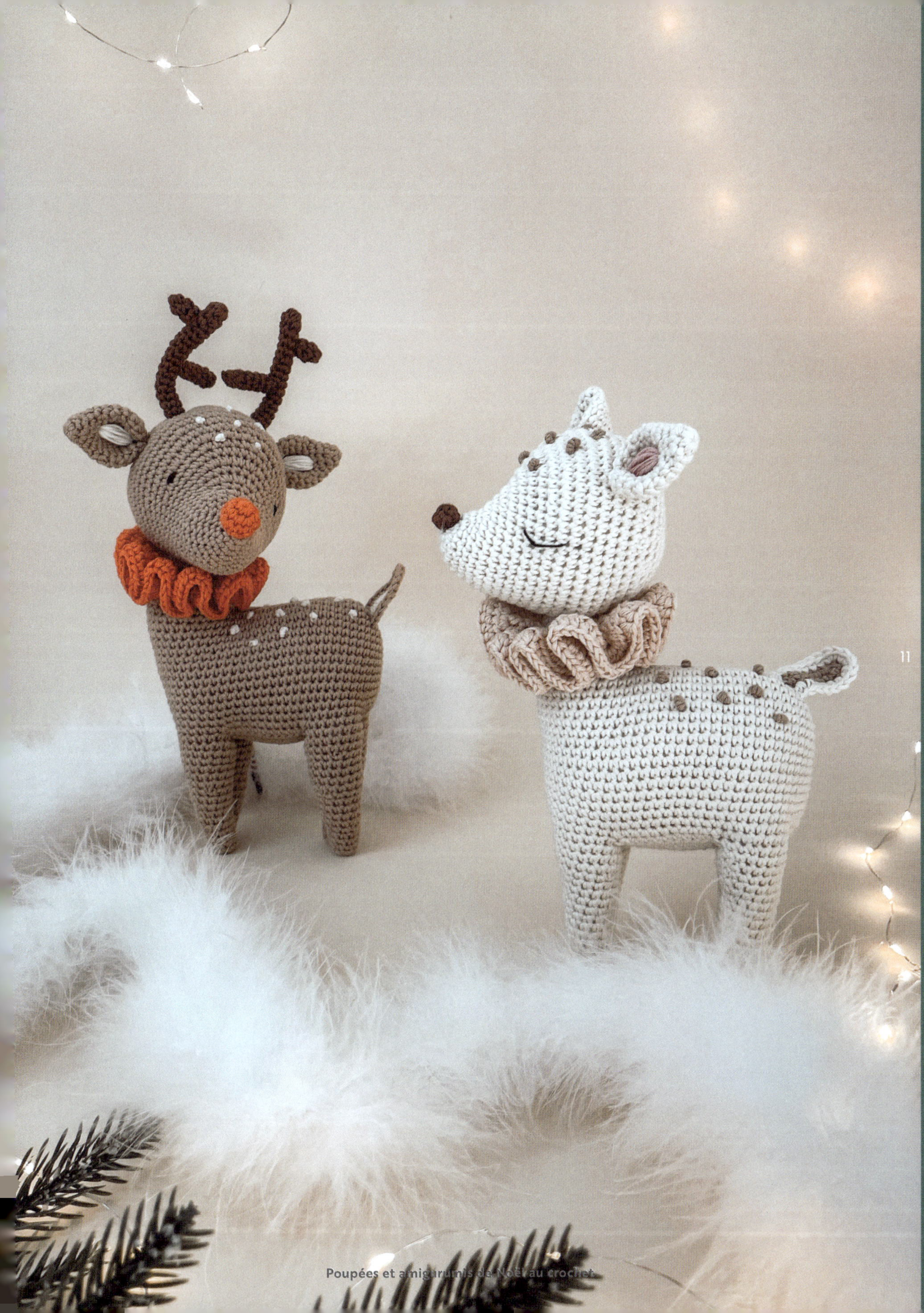

Cerf de Noël

✧ ◇ ✧

Note préalable :
sauf mention contraire,
toujours crocheter en spirale.

Tête

Note : rembourrer au fur et à mesure de l'avancée du travail, jusqu'à la fermeture complète.

En coloris n°37 (cerf) ou n°35 (biche).
T1 : 6 ms dans un anneau magique (6 m).
T2 : *1 ms, 1 aug* × 3 (9 m).
T3 : *2 ms, 1 aug* × 3 (12 m).
T4 : *3 ms, 1 aug* × 3 (15 m).
T5 : *4 ms, 1 aug* × 3 (18 m).
T6 : *5 ms, 1 aug* × 3 (21 m).
T7 : 1 ms dans chaque m (21 m).
T8 : 3 aug, 18 ms (24 m).
T9 : 1 ms dans chaque m (24 m).
T10 : 1 ms, 6 aug, 17 ms (30 m).
T11 : 1 ms dans chaque m (30 m).
T12 : 5 ms, 6 aug, 19 ms (36 m).
T13 : 1 ms dans chaque m (36 m).
T14 : *5 ms, 1 aug* × 6 (42 m).
T15 : 2 ms, *1 ms, 1 aug* × 12, 16 ms (54 m).
T16 à T22 (7 tours) : 1 ms dans chaque m (54 m).
T23 : *1 ms, 1 dim* × 18 (36 m).
T24 : 1 ms dans chaque m (36 m).
T25 : 2 ms, 1 dim, *4 ms, 1 dim* × 5, 2 ms (30 m).
T26 : *3 ms, 1 dim* × 6 (24 m).
T27 : *2 ms, 1 dim* × 6 (18 m).
T28 : *1 ms, 1 dim* × 6 (12 m).
T29 : 6 dim (6 m).
Terminer par 1 mc.
Couper le fil et à l'aide de l'aiguille à broder, le passer dans le brin avant des m du dernier tour pour resserrer. Rentrer le fil *(photo 1)*.

Corps

Note : il se commence par le cou et se termine par les pattes.

En coloris n°37 (cerf) ou n°35 (biche).
T1 : crocheter 20 ml et fermer par 1 mc pour former un rond.
T2 à T4 (3 tours) : 1 ms dans chaque ml (20 m).
T5 : *4 ms, 1 aug* × 4 (24 m).
T6 et T7 (2 tours) : 1 ms dans chaque m (24 m).
T8 : 19 ml, et en commençant dans la 2e m à partir du crochet, 18 ms sur la chaînette (il y a donc 1 ml qui ne compte pas, elle sert juste à tourner le travail), finir par 24 ms autour du cou (18 (ml) + 18 + 24 = 60 m) *(photo 2)*.

Note : continuer en crochetant sur l'ensemble des m (y compris les ml).

T9 : 1 ms dans chaque m (60 m).
T10 : 18 ms, 2 aug, 40 ms (62 m).
T11 : 1 ms dans chaque m (62 m).
T12 : 18 ms, 3 aug, 41 ms (65 m).
T13 : 1 ms dans chaque m (65 m).
T14 : 21 ms, 1 aug, 43 ms (66 m).
T15 à T24 (10 tours) : 1 ms dans chaque m (66 m).

Note : commencer la séparation des pattes à partir d'ici.

T25 : 20 ms (placer un marqueur dans la m 12), 9 ml, 1 mc en piquant dans la m 12 (au niveau du repère) pour fermer la patte arrière gauche et former un cercle *(photos 3 et 4)*. Puis continuer ainsi :

Patte arrière gauche

T1 : 9 ms, 9 ms sur la chaînette (18 m).
T2 et T3 (2 tours) : 1 ms dans chaque m (18 m).
T4 : 1 dim, 16 ms (17 m).
T5 : 7 ms, 1 dim, 8 ms (16 m).
T6 : 1 dim, 14 ms (15 m).
T7 : 1 ms dans chaque m (15 m).
T8 : 1 dim, 13 ms (14 m).
T9 : 6 ms, 1 dim, 6 ms (13 m).
T10 : 1 ms dans chaque m (13 m).
T11 : 1 dim, 11 ms (12 m).

T12 : 1 ms dans chaque m (12 m).
T13 : 1 dim, 10 ms (11 m).
T14 : 1 ms dans chaque m (11 m).
T15 : 4 ms, 1 dim, 5 ms (10 m).
T16 : 1 dim, 8 ms (9 m).
T17 à T19 (3 tours) : 1 ms dans chaque m (9 m).
Couper environ 15/20 cm de fil, et à l'aide de l'aiguille à broder, le passer dans le brin avant des m du dernier tour pour resserrer. Rentrer les fils.

Crocheter les 3 autres pattes ainsi :
Patte arrière droite
T25 : attacher le fil dans la m 20 du dernier tour du corps, 1 ml dans cette m, 14 ms, 9 ml, 1 mc piquée dans la m 26, puis crocheter la patte arrière droite comme la précédente *(photo 5)*.

Patte avant gauche
T25 : attacher le fil dans la m 34 du dernier tour du corps, 1 ml dans cette m, 19 ms, 9 ml, 1 mc piquée dans la m 45 et crocheter comme les pattes précédentes.

Patte avant droite
T25 : attacher le fil dans la m 53 du dernier tour du corps 1 ml dans cette m, 13 ms (sur le T24 du corps), 1 ms (sur le T25), 9 ml, 1 mc piquée dans la m 59 et crocheter la patte comme les précédentes.

Note : à présent, la fin du corps se réalise en aller-retour (= en rangs), par le « tablier » qui formera le ventre et fermera le bas du corps.

Suite réalisation...

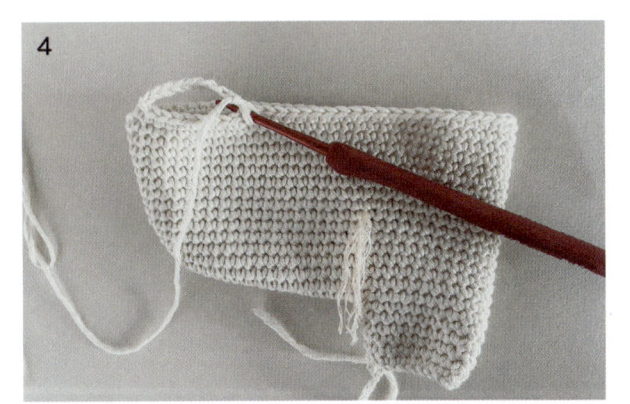

Ventre

Attacher le fil dans la 1re m du T25 (dernière m à la base de la dernière patte *(photo 6)*, 1 ml dans cette m, puis crocheter ainsi :
R1 à R3 (3 rangs) : 10 ms, 1 ml, tourner le travail (10 m).
R4 : 10 ms, 7 ml, tourner le travail (16 m).

Note : la dernière ml de ce rang (et des suivants) ne compte pas comme 1 m, elle sert juste à tourner le travail.

R5 : piquer dans le brin arrière de la 2e m à partir du crochet (seulement sur la chaînette), 16 ms, 7 ml, tourner le travail (22 m).
R6 : piquer dans le brin arrière de la 2e m à partir du crochet (seulement sur la chaînette), 22 ms, 1 ml, tourner le travail (22 m).
R7 : 1 ms dans chaque m, 1 ml, tourner le travail (22 m).

Note : pour les rangs suivants, la totalité des ms n'est pas crochetée, pour former le « décroché ».

R8 : 16 ms, 1 ml, tourner le travail (16 m).
R9 et R10 (2 rangs) : 10 ms, 1 ml, tourner le travail (10 m).
R11 : 10 ms (10 m).
Terminer par 1 mc. Couper environ 1 mètre de fil pour l'assemblage.
Avec l'aiguille à broder et ce fil, réaliser une couture tout autour du bas du corps et du tour 25 des pattes *(photos 7 et 8)*.

Attention : avant de fermer l'ouverture, ne pas oublier de rembourrer fermement, y compris les pattes.

Oreilles (× 2)

En coloris n°37 (cerf) ou n°35 (biche)
T1 : 6 ms dans un anneau magique (6 m).
T2 : 1 ms dans chaque m (6 m).
T3 : *2 ms, 1 aug* × 2 (8 m).
T4 : *1 ms, 1 aug* × 4 (12 m).
T5 : 1 ms dans chaque m (12 m).
T6 : *1 ms, 1 aug* × 6 (18 m).
T7 à T10 (4 tours) : 1 ms dans chaque m (18 m).
T11 : *1 ms, 1 dim* × 6 (12 m.)
Terminer par 1 mc. Couper environ 20 cm de fil pour l'assemblage.
Ne pas rembourrer les oreilles.
Pour l'intérieur des oreilles, avec 2 brins de 50 cm *en coloris n°35 (cerf) ou n°82 (biche)*, faire 7 allers-retours en couture simple sur une hauteur de 6 tours *(photos 9 et 10)*.

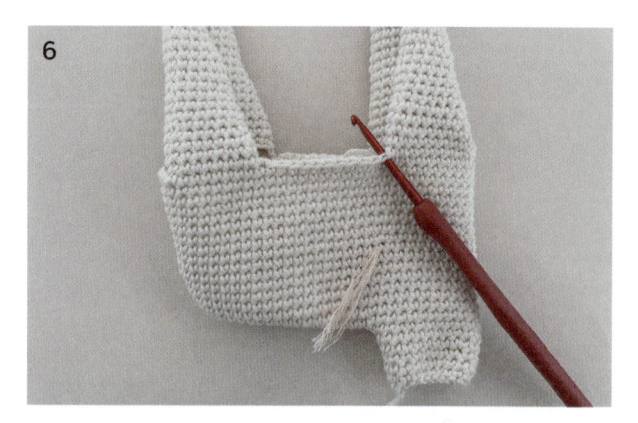

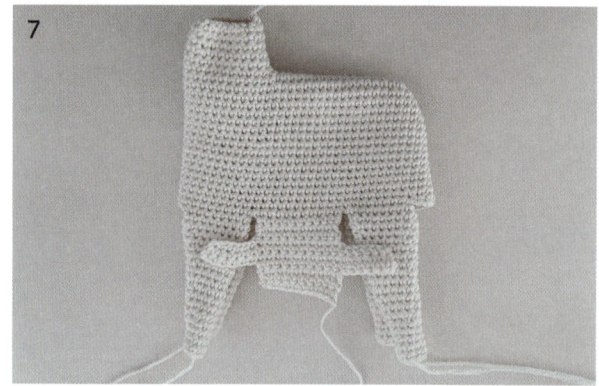

Pincer la base de chaque oreille en 2 et maintenir en place par 1 point.
Laisser le fil en attente pour l'assemblage *(photos 11 et 12)*.

Collerette

En coloris n°81 ou n°9 ou n°105, au choix.

> Note : se crochète en aller-retour.

(photos 13 à 16)
R1 : crocheter une chaînette de 20 ml + 2 ml pour tourner le travail (20 m).

> Note : les 2 ml de la fin du rang (et des suivants) ne comptent pas, elles servent juste à tourner le travail.

R2 : piquer dans la 3ᵉ m en partant du crochet, 20 augdB, 2 ml, tourner le travail (40 m).
R3 : 40 augdB, 2 ml, tourner le travail (80 m).
R4 : 80 augdB, 2 ml, tourner le travail (160 m).
R5 : 1 dB dans chaque m (160 m).
Couper et rentrer les fils (de début et de fin).
En s'aidant des mains, donner sa forme "accordéon" à la collerette.

Nez

En coloris n°11 (cerf) ou n°41 (biche).
T1 : 6 ms dans un anneau magique (6 m).
T2 : 1 ms dans chaque m (6 m).
Terminer par 1 mc, couper environ 20 cm de fil pour l'assemblage.
Ne pas rembourrer le nez.

Nez rouge (facultatif)

> Note : se superpose au précédent pour changer de thème en un claquement de doigts !

En coloris n°105.
T1 : 6 ms dans un anneau magique (6 m).
T2 : 6 aug (12 m).
T3 : 1 ms dans chaque m (12 m).
T4 : *2 ms, 1 dim* × 3 (9 m).
Terminer par 1 mc, couper et rentrer les fils.

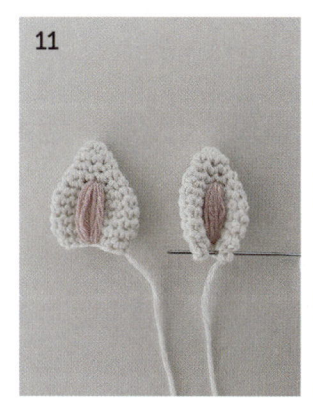

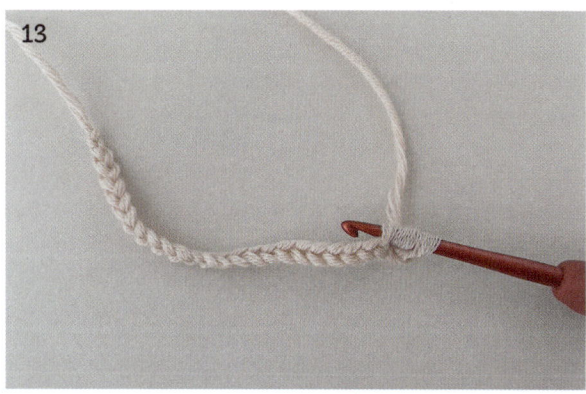

Tourner le travail

Continuer le travail

Suite réalisation...

Bois (uniquement pour le cerf)

En coloris n°41.

Grand bois (× 2)
T1 : 6 ms dans un anneau magique (6 m).
T2 à T17 (16 tours) : 1 ms dans chaque m (6 m).
Terminer par 1 mc, puis couper environ 20 cm de fil pour l'assemblage.

Bois moyen (× 2)
T1 : 5 ms dans un anneau magique (5 m).
T2 à T6 (5 tours) : 1 ms dans chaque m (5 m).
Terminer par 1 mc, puis couper environ 20 cm de fil pour l'assemblage.

Petit bois (× 2)
T1 : 5 ms dans un anneau magique (5 m).
T2 et T3 (2 tours) : 1 ms dans chaque m (5 m).
Terminer par 1 mc, puis couper environ 20 cm de fil pour l'assemblage.
Ne pas rembourrer les bois.
Pour le grand bois, insérer le morceau de fil de fer souple d'environ 10 cm pour lui donner sa forme finale. Puis fixer de manière aléatoire les 2 autres plus petits bois (1 moyen et 1 petit), sur les grand bois *(photos 17 et 18)*.

Queue

En coloris n°35 (cerf) ou n°41 (biche).

Note : se crochète en ovale, autour de la chaînette de base.

T1 : commencer sur une chaînette de 7 + 1 ml pour tourner le travail (7 m).

Note : la dernière ml ne compte pas comme 1 m, elle sert juste à tourner le travail.

T2 : commencer dans la 2ᵉ m en partant du crochet, 6 ms, 3 ms dans la dernière m pour passer de l'autre côté de la chaînette, 6 ms (15 m).
Poursuivre *en coloris n°37 (cerf) ou n°35 (biche)*.
T3 : piquer dans la 1ʳᵉ m du tour précédent, 6 ms, 3 aug, 6 ms (18 m).
Terminer par 1 mc. Couper environ 20 cm de fil pour l'assemblage *(photos 19 à 21)*.

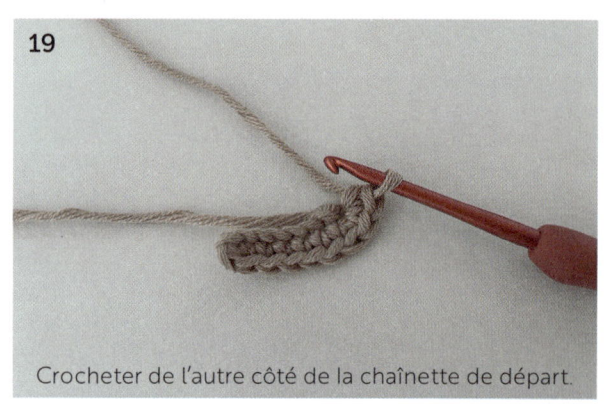

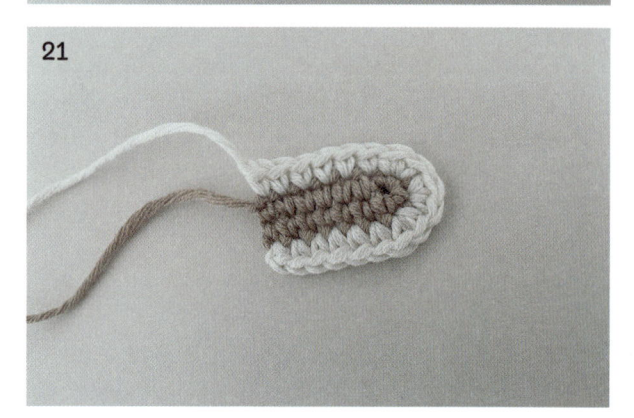

Crocheter de l'autre côté de la chaînette de départ.

Assemblage

* Commencer par coudre les 2 pattes avant, ainsi que les 2 pattes arrière pour les « coller » ensemble *(photos 22 et 23)*.
* Fixer la tête sur le haut du cou.

> **Astuce** : pour que la tête reste bien droite lors de la couture, piquer une grande aiguille à tricoter du sommet de la tête jusqu'au bas du corps. Positionner la tête avec le museau dans le prolongement du corps, ou tournée avec le museau de côté *(photo 24)*.

* Pour le cerf, coudre les bois sur le haut de la tête, au niveau des tours 20 et 21, en les espaçant de 8 m.
* Coudre la base des oreilles de chaque côté de la tête, au niveau des tours 21 et 22.
* Coudre la base de la queue, sur le haut des fesses et légèrement en diagonale.
* *En coloris n°11*, broder les yeux, entre les tours 12 et 13, en les espaçant de 16 m.
* Positionner la collerette autour du cou. Il est possible de la fermer par un bouton pression pour qu'elle tienne bien.
* Enfin, broder des petits points de nœud en coloris contrastant un peu partout sur le dos et le front, ainsi :
  * Piquer l'aiguille à broder dans 1 m (du dos) et la ressortir dans la m voulue pour le 1er point.
  * Piquer l'aiguille dans le brin de la m juste à côté de ce trou *(photo 25)*.
  * Enrouler 5 fois le fil autour de l'aiguille (pour des points plus petits, enrouler seulement 3 fois le fil autour de l'aiguille) *(photo 26)*.
  * Tirer doucement et sortir l'aiguille *(photo 27)*.
  * Enfin, piquer l'aiguille juste à côté du point et la ressortir au niveau de la m voulue pour le point suivant *(photo 28)*.
  * Recommencer autant de fois que nécessaire pour obtenir le nombre de points souhaité.

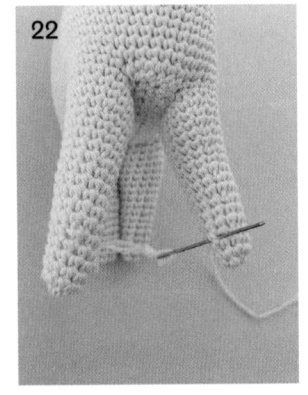

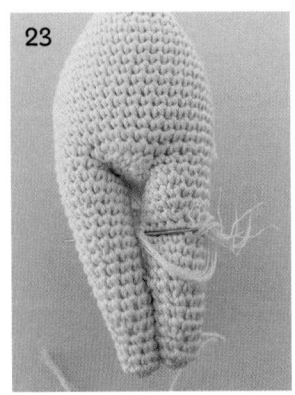

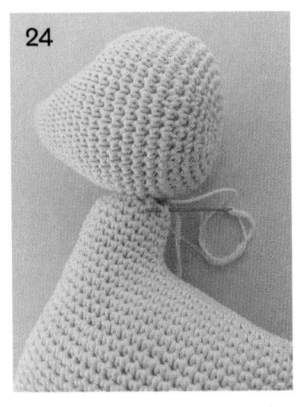

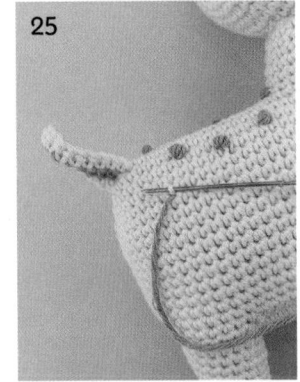

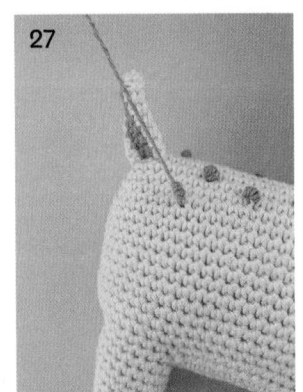

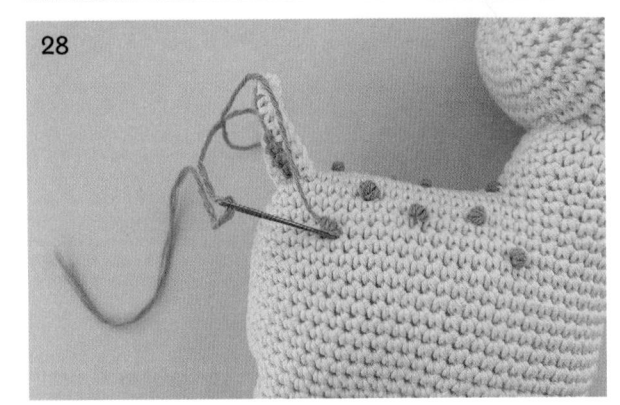

ALBA, THE CHRISTMAS *tree girl*

Auteure : Carla Mitrani
Instagram : @amourfou_crochet
Site : www.amourfou-crochet.com

Dimensions
Hauteur : environ 15 cm

Fournitures

* Fil Hobbii Rainbow Cotton 8/4 glitter, 1 pelote dans les coloris suivants :
  n°86 (rouge pailleté),
  n°98 (vert foncé pailleté)
* Fil Hobbii Rainbow Cotton 8/4, 1 pelote dans les coloris suivants :
  n°04 (beige), n°01 (blanc),
  n°100 (vert foncé), n°23 (vert),
  n°84 (vert clair), n°55 (jaune)
* Un peu de fil rose (pour broder les joues)
* Ouate de rembourrage
* 1 paire d'yeux de sécurité de 6 mm de diamètre
* 1 crochet n°2
* 1 aiguille à tapisserie
* Anneaux marqueurs amovibles
* Épingles

Poupées et amigurumis de Noël au crochet

Points particuliers

Bobble (pour le nez)
Crocheter 5 brides incomplètes dans la même maille (il doit y avoir 6 boucles sur le crochet) *(photo 1)*. Puis, 1 jeté et le ramener à travers toutes les boucles sur le crochet *(photo 2)*. Si le point pointe vers l'envers du travail *(photo 3)*, il suffit de le pousser vers l'extérieur pour former le nez *(photo 4)*. Puis continuer à crocheter normalement la maille serrée suivante.

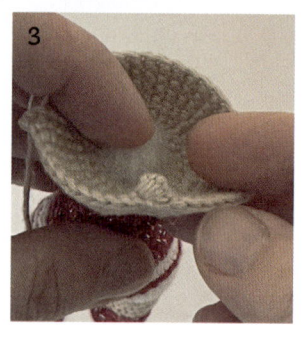

Picot
Crocheter 3 mailles en l'air, puis 1 maille coulée dans la 1re maille (soit la 3e en partant du crochet).

*Note préalable :
sauf mention contraire,
toujours crocheter en spirale.*

Corps

Note : il se commence par les jambes.

Jambes (× 2)
En coloris n°086.
T1 : 6 ms dans un anneau magique (6 m).
T2 : 6 aug (12 m).
T3 (en piquant uniquement dans le brin arrière des m) : 1 ms dans chaque m (12 m).
T4 à T7 (4 tours) : 1 ms dans chaque m (12 m).
Continuer *en coloris n°04*.
T8 (en piquant uniquement dans le brin arrière des m) : 1 ms dans chaque m (12 m).
T9 à T11 (3 tours) : 1 ms dans chaque m (12 m).
Continuer *en coloris n°01*.
T12 (en piquant uniquement dans le brin arrière des m) : 1 ms dans chaque m (12 m).
Terminer par 1 mc, couper et rentrer le fil.
Laisser en attente.
À la fin de l'autre jambe, **ne pas couper le fil**, et poursuivre par le buste.

Buste
T13 : avec la 2e jambe toujours sur le crochet, crocheter 3 ml et assembler sur la jambe 1 par 1 ms, (= début des tours suivants), 11 ms autour de la jambe 1, 3 ms sur la chaînette, 12 ms autour de la jambe 2 et enfin 3 ms de l'autre côté de la chaînette (1 + 11 + 3 + 12 + 3 = 30 m).
T14 à T18 (5 tours) : 1 ms dans chaque m (30 m).
Rembourrer fermement les jambes.
Continuer *en coloris n°86*.
T19 : 1 ms dans chaque m (30 m).
Continuer *en coloris n°01*.
T20 (en piquant uniquement dans le brin arrière des m) : 1 ms dans chaque m (30 m).
T21 : *3 ms, 1 dim* × 6 (24 m).
Continuer *en coloris n°86*.
T22 à T24 (3 tours) : 1 ms dans chaque m (24 m).
T25 : *2 ms, 1 dim* × 6 (18 m).
Rembourrer fermement au fur et à mesure.
T26 à T28 (3 tours) : 1 ms dans chaque m (18 m).
T29 : *1 ms, 1 dim* × 6 (12 m).
T30 à T32 (3 tours) : 1 ms dans chaque m (12 m).
Continuer *en coloris n°04*.
T33 (en piquant uniquement dans le brin arrière des m) : 1 ms dans chaque m (12 m).
Ne pas couper le fil, et poursuivre par la tête.

Tête
T34 : 12 aug (24 m).
T35 : *1 ms, 1 aug* × 12 (36 m).
T36 : *5 ms, 1 aug* × 6 (42 m).
T37 et T38 (2 tours) : 1 ms dans chaque m (42 m).
T39 : 26 ms, 1 bobble, 15 ms (42 m) *(photos 2 à 4)*.
T40 à T49 (10 tours) : 1 ms dans chaque m (42 m).
Fixer les yeux de sécurité 1 tour au-dessus du nez (et en les espaçant de 8 m).

Broder les joues *en coloris rose*.
T50 : *5 ms, 1 dim* × 6 (36 m).
T51 : *4 ms, 1 dim* × 6 (30 m).
T52 : *3 ms, 1 dim* × 6 (24 m).
T53 : *2 ms, 1 dim* × 6 (18 m).
T54 : *1 ms, 1 dim* × 6 (12 m).
T55 : 6 dim (6 m).
Couper une longueur de fil. Compléter le rembourrage, puis, en s'aidant de l'aiguille à tapisserie, passer le fil dans le brin avant des m du dernier tour pour resserrer *(photo 5)*. Rentrer le fil.

Jupe

En coloris n°86.
Placer Alba, tête en bas, attacher le fil dans le brin avant d'1 m du tour 19 du corps *(photo 6)*.
T1 (en piquant uniquement dans le brin avant libre des m du T19) : 1 ms dans chaque m (30 m).
T2 : *4 ms, 1 aug* × 6 (36 m).
T3 : 1 ms dans chaque m (36 m).
T4 : *5 ms, 1 aug* × 6 (42 m).
T5 : 1 ms dans chaque m (42 m).
T6 : 3 ms, 1 aug, *6 ms, 1 aug* × 5, 3 ms (48 m).
T7 : 1 ms dans chaque m (48 m).
T8 : *1 mc, 1 ms, [1 dB + 1 B + 1 dB] dans la même m, 1 ms*, répéter de *à* sur tout le tour, 1 mc dans la 1ʳᵉ m du tour.
Couper et rentrer le fil.

Bras (× 2)

En coloris n°04.
T1 : 2 ml, 4 ms dans la 1ʳᵉ ml (4 m).
T2 : 4 aug (8 m).
T3 à T5 (3 tours) : 1 ms dans chaque m (8 m).
Continuer *en n°86*.
T6 à T17 (12 tours) : 1 ms dans chaque m (8 m).
Aplatir l'ouverture du bras, 4 ms en prenant les 2 épaisseurs en même temps pour fermer *(photos 7 et 8)*.
Couper suffisamment de fil pour l'assemblage.

Cheveux

En coloris n°01.
T1 : 6 ms dans un anneau magique (6 m).
T2 : 6 aug (12 m).
T3 : *1 ms, 1 aug* × 6 (18 m).
T4 : *2 ms, 1 aug* × 6 (24 m).
T5 : *3 ms, 1 aug* × 6 (30 m).
T6 : *4 ms, 1 aug* × 6 (36 m).
T7 : *5 ms, 1 aug* × 6 (42 m).
T8 : *13 ms, 1 aug* × 3 (45 m).
T9 à T16 (8 tours) : 1 ms dans chaque m (45 m).

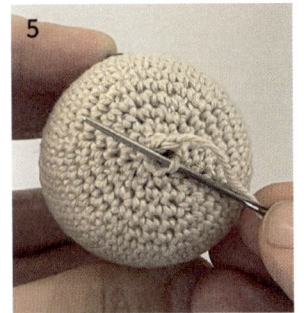

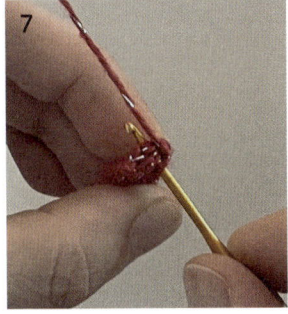

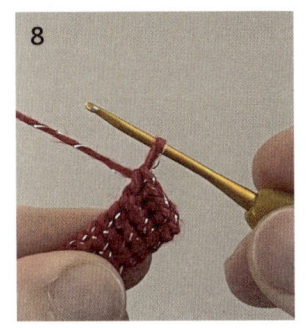

T17 : pour les mèches du devant, crocheter 1 mc, 31 ml, et en commençant dans la 2ᵉ m en partant du crochet, 30 ms le long de chaînette (jusqu'à atteindre la bordure de la chevelure). 1 mc dans la m du tour précédent, 31 ml, en commençant dans la 2ᵉ m en partant du crochet, 30 ms le long de chaînette (jusqu'à atteindre la bordure de la chevelure), terminer par 1 mc, 12 ms et 1 mc.
Ne pas couper le fil mais poursuivre comme suit :

Anglaises (à l'arrière des cheveux)

11 ml, et en piquant dans la 2ᵉ m en partant du crochet, 10 ms le long de la chaînette (jusqu'à atteindre la bordure de la chevelure), 1 mc ; répéter de *à* jusqu'à obtenir 16 anglaises.

> *Note : les anglaises vont naturellement onduler au fur et à mesure.*

Couper suffisamment de fil pour l'assemblage.

Couronne

En coloris n°55.
T1 : commencer dans un rond de 52 ml fermé par 1 mc. Crocheter 1 ms dans chaque ml (52 m).
T2 et T3 (2 tours) : 1 ms dans chaque m (52 m).
T4 : 16 mc, *[2 dB + 1 picot au sommet de la précédente dB + 1 dB] dans la même m, 3 mc* × 5 (pour obtenir 5 pointes), 16 mc.
Fermer, couper et rentrer le fil.

Suite réalisation...

Cape

En coloris n°98.

> Note : se crochète en aller-retour.

R1 : crocheter une chaînette de base de 21 ml. En commençant dans la 2ᵉ m en partant du crochet, 20 ms, 1 ml, tourner le travail (20 m).

> Note : la dernière ml du rang (et des suivants) ne compte pas comme 1 m, elle sert uniquement à tourner le travail.

R2 et R3 (2 rangs) : 1 ms dans chaque m, 1 ml, tourner le travail (20 m).
R4 (en piquant uniquement dans le brin arrière des m) : *3 ms, 1 aug* × 5, 1 ml, tourner le travail (25 m).
R5 et R6 (2 rangs) : 1 ms dans chaque m, 1 ml, tourner le travail (25 m).
R7 : *4 ms, 1 aug* × 5, 1 ml, tourner le travail (30 m).
R8 (en piquant uniquement dans le brin arrière des m) : 1 ms dans chaque m, 1 ml, tourner le travail (30 m).
R9 : 1 ms dans chaque m, 1 ml, tourner le travail (30 m).
R10 : *4 ms, 1 aug* × 6, 1 ml, tourner le travail (36 m).
R11 : 1 ms dans chaque m, 1 ml, tourner le travail (36 m).
R12 (en piquant uniquement dans le brin arrière des m) : 1 ms dans chaque m, 1 ml, tourner le travail (36 m).
R13 : *5 ms, 1 aug* × 6, 1 ml, tourner le travail (42 m).
R14 et R15 (2 rangs) : 1 ms dans chaque m, 1 ml, tourner le travail (42 m).
R16 (en piquant uniquement dans le brin arrière des m) : *6 ms, 1 aug* × 6, 1 ml, tourner le travail (48 m).
R17 et R18 (2 rangs) : 1 ms dans chaque m, 1 ml, tourner le travail (48 m).
R19 : *7 ms, 1 aug* × 6, 1 ml, tourner le travail (54 m).
R20 (en piquant uniquement dans le brin arrière des m) : 1 ms dans chaque m, 1 ml, tourner le travail (54 m).
R21 et R22 (2 rangs) : 1 ms dans chaque m, 1 ml, tourner le travail (54 m).
R23 : *8 ms, 1 aug* × 6, 1 ml, tourner le travail (60 m).
R24 : 1 ms dans chaque m (60 m).

Ne pas couper le fil, mais pour un fini plus net, crocheter sur les côtés et le bord inférieur ainsi : 1 ml pour tourner vers la droite, répartir 24 ms sur le côté (travailler dans les espaces entre les rangs) *(photo 9)*. Au bord supérieur, crocheter 20 ms dans la chaînette de base, 1 ml pour tourner vers la droite, 24 ms sur le côté (travailler dans les espaces entre les rangs).
Couper et rentrer le fil.

Aiguilles de pins (franges sur la cape)

En coloris n°84, n°23 et n°100.
Couper des brins d'environ 10 cm.
Fixer des franges sur la cape ainsi :
Plier 2 brins, piquer le crochet dans le brin libre d'1 m du rang 3, et tirer les brins pliés à travers cette m *(photo 10)*. Passer les extrémités des brins dans la boucle ainsi formée et tirer pour former le nœud *(photo 11)*. Répéter cette opération sur chaque brin libre des rangs 3, 7, 11, 15 et 19, ou pour un travail moins dense, en laissant 1 ou 2 m entre les franges, ou encore en ne fixant pas de franges sur tous les rangs possibles (là où il y a des brins libres) *(photo 12)*.

Liens (× 2)

En coloris n°98.
T1 : en laissant une grande longueur de fil disponible, crocheter une chaînette de 20 ml. Couper le fil. Faire un autre lien, et avec l'aiguille à tapisserie, coudre les extrémités au sommet de la cape.

Assemblage

* Coudre les bras de chaque côté du buste *(photo 13)*.
* Placer les cheveux sur la tête d'Alba, en plaçant les 2 mèches les plus longues au milieu du front et les anglaises à l'arrière. Coudre en place, en séparant les mèches de chaque côté. Placer la couronne sur la tête et fixer les mèches en place par quelques points, légèrement au-dessus de la couronne *(photo 14)*.
* Nouer la cape autour du cou *(photo 15)*.
* Rentrer tous les fils qui dépassent dans le corps d'Alba.

Carla Mitrani

23

Poupées et amigurumis de Noël au crochet

MINI POUPÉES
de Noël

Auteure : @loudesbois.by.jen

❄

Cette année, le Père Noël a décidé de passer en mode écolo.
Il apporte des cadeaux recyclés, recyclables et faits-main.
Il a troqué son traineau contre un Van électrique. Il est accompagné
non pas de ses amis les rennes mais de son compagnon
Régalo le cadeau, de Pinette le sapin et de Neige le bonhomme de neige.
Ces petites poupées peuvent être suspendues dans le sapin de Noël
ou bien disposées sur votre table de fêtes.
Après Noël, elles seront très jolies dans la chambre de bébé.

Dimensions

Personnages :
environ 11 cm de haut

Van :
environ 12 cm de haut
et 18 cm de long

Fournitures

* Fil Natura Just Cotton DMC, 1 pelote dans les coloris suivants :
  n°01 Ibiza (blanc), n°11 Noir (noir), n°35 Nascar (craie),
  n°99 Sichuan (turquoise), n°20 Jade (bleu/vert),
  n°23 Passion (rouge), n°14 Green Valley (vert foncé),
  n°16 Tournesol (jaune clair), n°36 Gardénia (blanc cassé),
  n°82 Lobélia (rose), n°105 Orange (orange),
  n°34 Bourgogne (bordeaux), n°121 Grey (gris)
* Un peu de fil Lumina DMC, coloris Or
* Fil à coudre noir
* 3 paires d'yeux de sécurité de 6 mm de diamètre
* Ouate de rembourrage
* 1 grelot (facultatif)
* 1 crochet n°2,25
* 1 crochet n°2,75
* 1 paire de ciseaux
* 1 aiguille à tapisserie
* Anneaux marqueurs amovibles

Poupées et amigurumis de Noël au crochet

Mini poupées de Noël

✦ ◇ ✦

Note préalable :
sauf mention contraire,
toujours crocheter en spirale.

Éléments communs à Neige, au Père Noël et à Pinette

Note : utiliser le crochet n°2,75, et pour les coloris se référer à chaque personnage.

Tête

T1 : 6 ms dans un anneau magique (6 m).
T2 : 6 aug (12 m).
T3 : *1 ms, 1 aug* × 6 (18 m).
T4 : 1 ms, *1 aug, 2 ms* × 5, 1 aug, 1 ms (24 m).
T5 : *3 ms, 1 aug.* × 6 (30 m).
T6 à T11 (6 tours) : 1 ms dans chaque m (30 m).
T12 : *3 ms, 1 dim* × 6 (24 m).
T13 : 1 ms, *1 dim, 2 ms* × 5, 1 dim, 1 ms (18 m).
T14 : *1 ms, 1 dim* × 6 (12 m).
Fixer les yeux de sécurité entre les tours 9 et 10, en les espaçant de 4 m.
Rembourrer le personnage au fur et à mesure.
Ne pas couper le fil, et poursuivre ainsi :

Corps

T15 : *1 ms, 1 aug* × 6 (18 m).
T16 : 1 ms, *1 aug, 2 ms* × 5, 1 aug, 1 ms (24 m).
T17 : *3 ms, 1 aug* × 6 (30 m).
T18 et T19 (2 tours) : 1 ms dans chaque m (30 m).
T20 : 2 ms, *1 aug, 4 ms* × 5, 1 aug, 2 ms (36 m).
T21 à T26 (6 tours) : 1 ms dans chaque m (36 m).
T27 : 3 ms, *1 dim, 6 ms* × 4, 1 ms (32 m).
Terminer par 1 mc. Couper et rentrer le fil.
Rembourrer le corps.
Avec le fil à coudre noir, broder les sourcils *(photo 1)*.

Fond (pour fermer le bas du corps)

T1 : 6 ms dans un anneau magique (6 m).
T2 : 6 aug (12 m).
T3 : *1 ms, 1 aug* × 6 (18 m).
T4 : 1 ms, *1 aug, 2 ms* × 5, 1 aug, 1 ms (24 m).
T5 : *3 ms, 1 aug* × 6 (30 m).
T6 : *14 ms, 1 aug* × 2 (32 m).
Ne pas couper le fil, mais placer le fond sous le corps et l'assembler par des mc sur tout le tour.
Compléter le rembourrage avant de fermer totalement.
Couper et rentrer le fil *(photos 2 à 4)*.

Neige, le bonhomme de neige

Réaliser la partie commune *en coloris n°01.*

Écharpe

En coloris n°99 et crochet n°2,75.
R1 : commencer sur une chaînette de base de 3 ml + 1 ml pour tourner le travail.
R2 : en commençant dans la 2ᵉ m à partir du crochet, 1 dB dans chaque m, 1 ml, tourner le travail. Répéter ce rang jusqu'à obtenir une écharpe d'environ 18 cm.
Avec le même coloris, réaliser des franges (de 2 brins de 6 cm) sur chaque dB des extrémités.
Mettre l'écharpe autour du cou et la maintenir en place par quelques points dans le même coloris *(photos 5 à 8).*

Boutons (× 2)

En coloris n°11 et crochet n°2,5.
5 ms dans un anneau magique. Terminer le tour par 1 mc dans la 1ʳᵉ m.
Couper en laissant suffisamment de fil pour l'assemblage.
Coudre les boutons sur le ventre.

Chapeau

En coloris n°20 et crochet n°2,75.
T1 : 6 ms dans un anneau magique (6 m).
T2 : 6 aug (12 m).
T3 : *1 ms, 1 aug* × 6 (18 m).
T4 : 1 ms, *1 aug, 2 ms* × 5, 1 aug, 1 ms (24 m).
T5 à T8 (4 tours) : 1 ms dans chaque m (24 m).
T9 (en piquant uniquement dans le brin arrière des m) : *3 ms, 1 aug* × 6 (30 m).
T10 : 2 ms, *1 aug, 4 ms* × 5, 1 aug, 2 ms (36 m).
T11 : *5 ms, 1 aug* × 6 (42 m).
T12 : 3 ms, *1 aug, 6 ms* × 5, 1 aug, 3 ms (48 m).
Terminer par 1 mc. Couper une grande longueur de fil pour l'assemblage. Passer ce fil à l'intérieur du chapeau jusqu'au tour 9. Rembourrer légèrement et le coudre au sommet de la tête *(photo 9).*

Nez carotte

En coloris n°105 et crochet n°2,25.
T1 : 4 ms dans un anneau magique (4 m).
T2 : *1 ms, 1 aug* × 2 (6 m).
T3 et T4 (2 tours) : 1 ms dans chaque m (6 m).
T5 : *2 ms, 1 aug* × 2 (8 m).
T6 : 1 ms dans chaque m (8 m).
Terminer par 1 mc. Couper une grande longueur de fil pour l'assemblage. Coudre le nez.
Avec le fil à coudre noir, broder les sourcils.

Suite réalisation...

Père Noël

Réaliser la tête *en coloris n°35* jusqu'au tour 14, puis *en coloris n°01*.
Crocheter le corps *en coloris n°23* jusqu'au tour 20, *en coloris n°11* pour les tours 21 et 22 et *en coloris n°23* pour les tours 23 à 27.
Crocheter le fond *en coloris n°23*.

Boucle de ceinture

Broder un petit rectangle sur le devant du corps *en coloris Or*, au niveau des tours 21 et 22 du corps, pour former la boucle de ceinture *(photo 10)*.

Bonnet

Base
En coloris n°23 et crochet n°2,25.
T1 : 4 ms dans un anneau magique (4 m).
T2 : 4 aug (8 m).
T3 : 1 ms dans chaque m (8 m).
T4 : *1 ms, 1 aug* × 4 (12 m).
T5 : 1 ms dans chaque m (12 m).
T6 : *2 ms, 1 aug* × 4 (16 m).
T7 : 1 ms dans chaque m (16 m).
T8 : *3 ms, 1 aug* × 4 (20 m).
T9 : 1 ms dans chaque m (20 m).
T10 : *4 ms, 1 aug* × 4 (24 m).
T11 : 1 ms dans chaque m (24 m).
T12 : *5 ms, 1 aug* × 4 (28 m).
T13 : 1 ms dans chaque m (28 m).
T14 : *6 ms, 1 aug* × 4 (32 m).
T15 : 1 ms dans chaque m (32 m).
T16 : *7 ms, 1 aug* × 4 (36 m).
T17 : 1 ms dans chaque m (36 m).
T18 : *8 ms, 1 aug* × 4 (40 m).
Continuer *en coloris n°01*.
T19 : 1 ms dans chaque m (40 m).
T20 : 1 mc dans chaque m (40 m).
Couper une grande longueur de fil pour l'assemblage.

Pompon du bonnet
En coloris n°01 et crochet n°2,25.
T1 : 4 ms dans un anneau magique (4 m).
T2 : 4 aug (8 m).
T3 : *1 ms, 1 aug* × 4 (12 m).
T4 à T6 (3 tours) : 1 ms dans chaque m (12 m).
T7 : *1 ms, 1 dim* × 4 (8 m).
Rembourrer le pompon (ou insérer le grelot, facultatif).
T8 : 4 dim (4 m).

Terminer par 1 mc. **Ne pas fermer le pompon.**
Couper une grande longueur de fil pour l'assemblage et le coudre sur la pointe du bonnet, puis ce dernier sur la tête du père Noël *(photo 11)*.

Barbe

> Note : se crochète en ovale, autour de la chaînette de base.

En coloris n°01 et crochet n°2,25.
R1 : crocheter une chaînette de base de 9 ml + 1 ml pour tourner le travail (9 m).
R2 : 1 mc, 1 ms, 1 dB, 1 B, 1 mc, 1 B, 1 dB, 1 ms, [1 mc, 1 ml, 1 mc] dans la dernière m pour passer de l'autre côté de la chaînette, 7 ms, 1 mc, 1 ml, tourner le travail.
R3 : *[1 ms, 1 ml, 1 ms] dans la même m* × 9, 1 ml, tourner le travail.
R4 : [1 ms, 1 ml, 1 ms] dans chaque arceau du rang précédent.
Terminer par 1 mc et couper une grande longueur de fil pour l'assemblage.
Épingler la barbe sur le visage et la coudre *(photos 12 à 13)*.
Enfin, broder les sourcils *en coloris n°01*, et la bouche au *fil à coudre noir (photos 14 et 15)*.

Pinette, le sapin

Crocheter le fond *en coloris n°14*.

Tête

En coloris n°35 et crochet n°2,75.
T1 à T14 : comme la partie commune.
Puis poursuivre ainsi :

Corps

En coloris n°14.
T15 : *1 ms, 1 aug* × 6 (18 m).
T16 (en piquant uniquement dans le brin arrière des m) :
1 ms, *1 aug, 2 ms* × 5, 1 aug, 1 ms (24 m).
T17 : *3 ms, 1 aug* × 6 (30 m).
T18 (en piquant uniquement dans le brin arrière des m) :
1 ms dans chaque m (30 m).
T19 : 1 ms dans chaque m (30 m).
T20 (en piquant uniquement dans le brin arrière des m) :
2 ms, *1 aug, 4 ms* × 5, 1 aug, 2 ms (36 m).
T21 : 1 ms dans chaque m (36 m).
T22 (en piquant uniquement dans le brin arrière des m) :
1 ms dans chaque m (36 m).

Suite réalisation...

@loudesbois.by.jen

10

11

12

13

14

15

Poupées et amigurumis de Noël au crochet

T23 : 1 ms dans chaque m (36 m).
T24 (en piquant uniquement dans le brin arrière des m) :
1 ms dans chaque m (36 m).
T25 : 1 ms dans chaque m (36 m).
T26 (en piquant uniquement dans le brin arrière des m) :
1 ms dans chaque m (36 m).
T27 : 3 ms, *1 dim, 6 ms* x 3, 1 dim, 7 ms (32).
Ne pas couper le fil, basculer le personnage tête en bas, et crocheter dans le brin avant libre de chaque tour impair (jusqu'au tour 15) ainsi : *1mc, passer 1m, [1 ms, 1 dB et 1 B dans la même m], 2 ml, [1 B, 1 dB et 1 ms dans la même m] sauter 1m*.
À la fin du tour, terminer par 2 ml avant de passer au tour suivant.
Terminer par 1 mc, couper et rentrer le fil *(photos 16 à 18)*.

Chapeau

En coloris n°14 et crochet n°2,75.
T1 : 4 ms dans un anneau magique (4 m).
T2 : 4 aug (8 m).
T3 (en piquant uniquement dans le brin arrière des m) :
1 ms dans chaque m (8 m).
T4 : *1 ms, 1 aug* × 4 (12 m).
T5 (en piquant uniquement dans le brin arrière des m) :
1 ms dans chaque m (12 m).
T6 : *2 ms, 1 aug* × 4 (16 m).
T7 (en piquant uniquement dans le brin arrière des m) :
1 ms dans chaque m (16 m).
T8 : *3 ms, 1 aug* × 4 (20 m).
T9 (en piquant uniquement dans le brin arrière des m) :
1 ms dans chaque m (20 m).
T10 : *4 ms, 1 aug* × 4 (24 m).
T11 (en piquant uniquement dans le brin arrière des m) :
1 ms dans chaque m (24 m).
T12 : *5 ms, 1 aug* × 4 (28 m).
T13 (en piquant uniquement dans le brin arrière des m) :
1 ms dans chaque m (28 m).
T14 : *6 ms, 1 aug* × 4 (32 m).
T15 (en piquant uniquement dans le brin arrière des m) :
1 ms dans chaque m (32 m).
T16 : *7 ms, 1 aug* × 4 (36 m).
T17 (en piquant uniquement dans le brin arrière des m) :
1 ms dans chaque m (36 m).
T18 : *8 ms, 1 aug* × 4 (40 m).
Ne pas couper le fil, et crocheter dans le brin avant libre de chaque tour pair (jusqu'au tour 2) ainsi :
1mc, passer 1m, [1 ms, 1 dB et 1 B dans la même m], 2 ml, [1 B, 1 dB et 1 ms dans la même m] sauter 1m.
À la fin du tour, terminer par 2 ml avant de passer au tour suivant. *(photos 19 et 20)*.
Terminer par 1 mc, couper et rentrer le fil.
Laisser le chapeau en attente.

Étoile

En coloris n°16 et crochet n°2,25.
T1 : 5 ms dans un anneau magique (5 m).
T2 : 5 aug (10 m).
Puis, poursuivre ainsi :
Branches (× 5)
R1 : 2 ms, 1 ml, tourner le travail
R2 : 1 dim, 1 ml, tourner le travail.
Crocheter 3 ms sur le côté de la branche et répéter cette opération pour les 4 branches restantes *(photos 21 à 27).*
Couper une grande longueur de fil.
Bloquer le fil en le passant sur l'arrière de l'ouvrage sur quelques m *(photo 28).*
Coudre l'étoile au sommet du chapeau de Pinette, puis coudre ce dernier sur sa tête *(photo 29).*

Régalo, le cadeau

Ce modèle est parfait car il est possible d'y glisser un petit mot, un chocolat ou un petit présent à l'intérieur.

Fond

En coloris n°36 et crochet n°2,75.
T1 : 6 ms dans un anneau magique (6 m).
T2 : 6 aug (12 m).
T3 : *1 ms, 1 aug* × 6 (18 m).
T4 : 1 ms, *1 aug, 2 ms* × 5, 1 aug, 1 ms (24 m).
T5 : *3 ms, 1 aug* × 6 (30 m).
T6 : 2 ms, *1 aug, 4 ms* × 5, 1 aug, 2 ms (36 m).
T7 (en piquant uniquement dans le brin arrière des m) : 1 ms dans chaque m (36 m).
T8 à T16 (9 tours) : 1 ms dans chaque m (36 m).
Terminer par 1 mc. Couper et rentrer le fil.
Broder les yeux et la bouche *en coloris n°11.*
Broder les joues *en coloris n°82.*

Couvercle

En coloris n°36 et crochet n°2,75.
T1 à T6 : comme pour le fond.
T7 : *5 ms, 1 aug* × 6 (42 m).
T8 (en piquant uniquement dans le brin arrière des m) : 1 ms dans chaque m (42 m).
T9 et T10 : 1 ms dans chaque m (42 m).
Terminer par 1 mc. Couper et rentrer le fil.

Nœud

En coloris n°82 et crochet n°2,25.
Réaliser une chaînette de 31 ml.
Former un beau nœud, puis le coudre sur le couvercle de Régalo.

Suite réalisation...

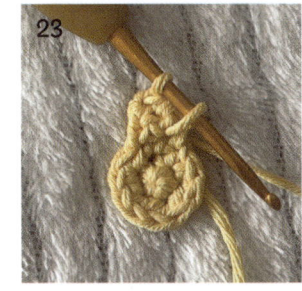

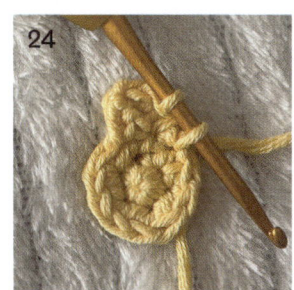

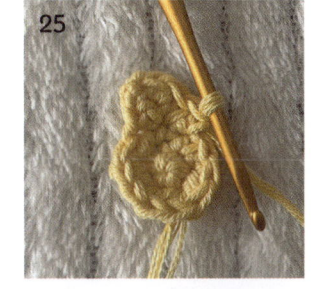

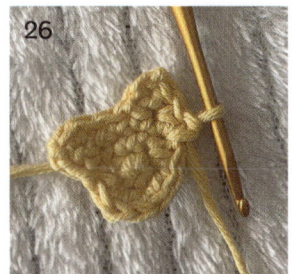

Van du père Noël

Toit du van

En coloris n°01 et crochet n°2,75.

> Note : se crochète en ovale, autour de la chaînette de base.

T1 : crocheter une chaînette de base de 24 ml + 1 ml, tourner le travail (24 m).
T2 : en commençant dans la 2ᵉ m à partir du crochet, 23 ms, 3 ms dans la dernière ml pour passer de l'autre côté de la chaînette, 22 ms, 1 aug (50 m) *(photo 30)*.
T3 : 1 augD, 22 ms, 1 augD, 1 ms, 1 augD, 22 ms, 1 augD, 1 ms (58 m).
T4 : 1 ms, 1 augD, 24 ms, 1 augD, 3 ms, 1 augD, 24 ms, 1 augD, 2 ms (66 m).
T5 : 2 ms, 1 augD, 26 ms, 1 augD, 5 ms, 1 augD, 26 ms, 1 augD, 3 ms (74 m).
T6 : 3 ms, 1 augD, 28 ms, 1 augD, 7 ms, 1 augD, 28 ms, 1 augD, 4 ms (82 m).
T7 : 4 ms, 1 augD, 30 ms, 1 augD, 9 ms, 1 augD, 30 ms, 1 augD, 5 ms (90 m).
T8 : 5 ms, 1 augD, 32 ms, 1 augD, 11 ms, 1 augD, 32 ms, 1 augD, 6 ms (98 m).
T9 : 6 ms, 1 augD, 34 ms, 1 augD, 13 ms, 1 augD, 34 ms, 1 augD, 7 ms (106 m).
T10 : 7 ms, 1 augD, 36 ms, 1 augD, 15 ms, 1 augD, 36 ms, 1 augD, 8 ms (114 m).
T11 à T18 (8 tours) : 1 ms dans chaque m (114 m).
T19 : 50 ms, 1 aug, 13 ms, 1 aug, 49 ms (116 m).
T20 et T21 (2 tours) : 1 ms dans chaque m (116 m).
T22 : 52 ms, 1 aug, 12 ms, 1 aug, 50 ms (118 m) *(photo 31)*.
Continuer en coloris n°34.
T23 à T35 (13 tours) : 1 ms dans chaque m (118 m).
Terminer par 1 mc. Couper et rentrer le fil.

Fond du van

En coloris n°34 et crochet n°2,75.

> Note : se crochète en ovale, autour de la chaînette de base.

T1 à T10 : comme le toit du van
T11 : 8 ms, 1 augD, 38 ms, 1 augD, 17 ms, 1 augD, 38 ms, 1 augD, 9 ms (122 m).
T12 et T13 (2 tours) : 1 ms dans chaque m (122 m).
Terminer par 1 mc. Couper suffisamment de fil pour l'assemblage *(photo 32)*.
Rembourrer fermement pour lui donner sa forme. Repérer les angles par des anneaux marqueurs amovibles.

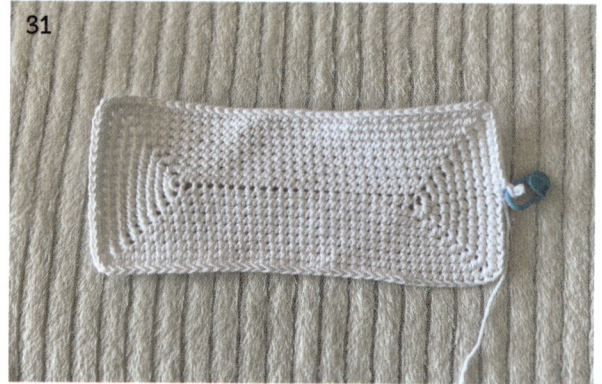

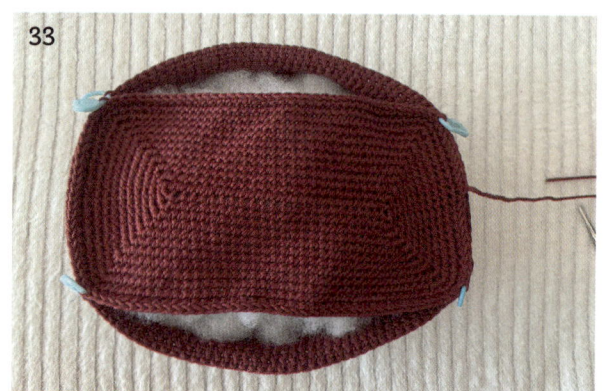

En s'aidant de l'aiguille à tapisserie, assembler le toit et le fond, en piquant l'aiguille 2 fois dans la même m, pour celles marquées uniquement pour le fond du van (car le fond compte 122 m, soit 8 m de plus que le toit) *(photo 33)*.

Phares (× 2)

En coloris n°16 et crochet n°2,75.
T1 : 6 ms dans un anneau magique (6 m).
T2 : 6 aug (12 m).
Continuer *en coloris n°121.*
T3 (en piquant uniquement dans le brin avant des m) : 1 ms dans chaque m (12 m).
Terminer par 1 mc. Couper suffisamment de fil pour l'assemblage.

Fenêtres (× 6)

En coloris n°121 et crochet n°2,75.

> Note : se crochète en aller-retour.

R1 : crocheter une chaînette de base de 12 ml + 1 ml, tourner le travail (12 m).
R2 à R12 (11 rangs) : 12 ms, 1 ml, tourner le travail (12 m) *(photo 34)*.

> Note : la dernière ml de chaque rang ne compte pas comme 1 m, elle sert uniquement à tourner le travail.

Roues (× 4)

En coloris n°121 et crochet n°2,75.
T1 : 6 ms dans un anneau magique (6 m).
T2 : 6 aug (12 m).
T3 : *1 ms, 1 aug* × 6 (18 m).
Continuer *en coloris n°11.*
T4 : 1 ms, *1 aug, 2 ms* × 5, 1 aug, 1 ms (24 m).
T5 : *3 ms, 1 aug* × 6 (30 m).
Terminer par 1 mc. Couper suffisamment de fil pour l'assemblage.

Assemblage

* Coudre les roues de chaque côté du van *(photo 35)*.
* Avec le *fil à coudre noir*, assembler les fenêtres (1 devant, 1 derrière et 2 sur chaque côté) en positionnant le bas des fenêtres au niveau du changement de coloris du van.
* Puis, pour la fenêtre avant et arrière, broder un petit essuie-glace.
* Broder des petites poignées de portes de chaque côté du van *au fil à coudre noir.*
* Broder des feux stop à l'arrière du véhicule *en coloris n°23.*
* Enfin, assembler les phares sous la fenêtre du devant *(photo 35)*.

Le Van du Père Noël est prêt. Il peut se mettre en route, avec ses copains, pour livrer tous les cadeaux aux petits et aux grands.
Bon voyage Père Noël…

Calendrier de l'Avent

Auteure : Julia Dupé
Instagram : @cotonetgourmandises
Photos : Marie Pauline Photography

Dimensions
Hauteur de la boîte de base : 5 cm

Fournitures

* Fil Natura Just Cotton DMC dans les coloris suivants :
  1 pelote Passion n°23 (rouge), 2 pelotes n°01 Ibiza (blanc),
  2 pelotes n°81 Acanthe (chair), 3 pelotes n°41 Siena (marron),
  1 pelote n°48 Chartreuse (vert pomme), 1 pelote n°11 Noir (noir),
  2 pelotes n°35 Nascar (craie), 2 pelotes n°37 Canelle (beige),
  1 pelote n°105 Orange (orange), 1 pelote n°83 Blé (jaune pâle)
* Coton perlé 8S DMC n°321 (rouge)
* Un peu de fil à broder doré
* 13 paires d'yeux de sécurité de 6 mm de diamètre
* 1 feuille A4 de feutrine blanche
* Ouate de rembourrage
* 1 pompon blanc
* 1 crochet n°2,25
* 1 aiguille à tapisserie
* 1 aiguille à broder
* Anneaux marqueurs amovibles
* Colle textile

Poupées et amigurumis de Noël au crochet

Calendrier de l'Avent

Les numéros du calendrier

Sur la feutrine blanche, reporter 24 ovales et les découper.
Sur chaque ovale, broder un numéro de 1 à 24 au point de tige, *en coloris n°321 (photo 1)*.

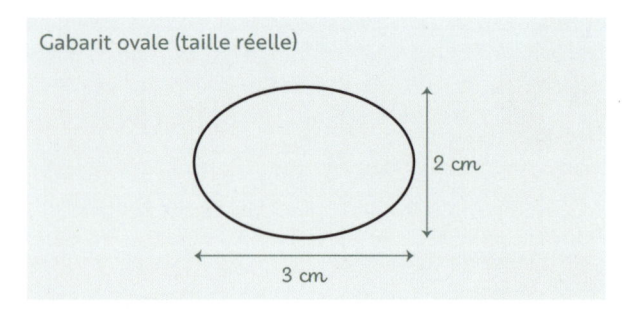

Gabarit ovale (taille réelle)
2 cm
3 cm

Note préalable :
sauf mention contraire, toujours crocheter en spirale. Toutes les boîtes ont la même taille, sauf celle du Père Noël qui est légèrement plus grande.

Boîte du Père Noël

Base

En coloris n°23.
T1 : 2 ml, crocheter 9 ms dans la 1re ml (9 m).
T2 : 9 aug (18 m).
T3 : *2 ms, 1 aug* × 6 (24 m).
T4 : *3 ms, 1 aug* × 6 (30 m).
T5 : *4 ms, 1 aug* × 6 (36 m).
T6 : *5 ms, 1 aug* × 6 (42 m).
T7 : *6 ms, 1 aug* × 6 (48 m).
T8 : *7 ms, 1 aug* × 6 (54 m).
T9 (en piquant uniquement dans le brin arrière des m) :
1 ms dans chaque m (54 m).
T10 à T12 (3 tours) : 1 ms dans chaque m (54 m).
Continuer *en coloris n°11*.
T13 et T14 (2 tours) : 1 ms dans chaque m (54 m).
Continuer *en coloris n°23*.
T15 à T19 (5 tours) : 1 ms dans chaque m (54 m).
Continuer *en coloris n°81*.
T20 à T28 (9 tours) : 1 ms dans chaque m (54 m).
T29 : *7 ms, 1 dim* × 6 (48 m).
Terminer par 1 mc. Couper et rentrer le fil.
Fixer les yeux de sécurité entre les tours 21 et 22, en les espaçant de 9 m.
Broder un petit nez entre les yeux *en coloris n°81*.

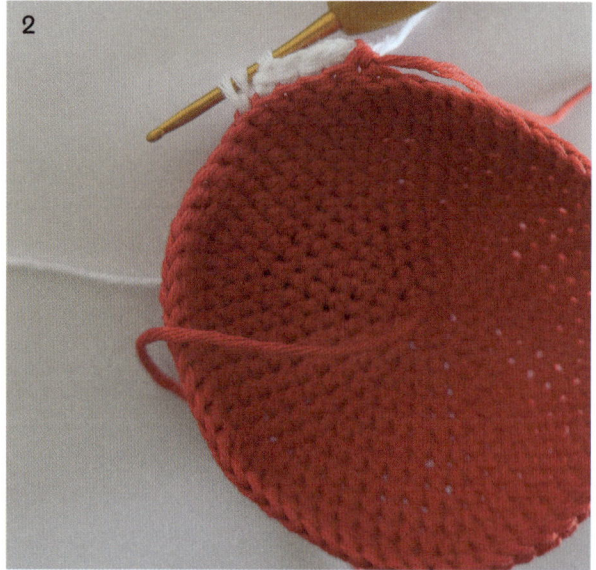

Couvercle

En coloris n°23.
T1 à T8 : comme pour la base.
T9 : *8 ms, 1 aug* × 6 (60 m).
T10 (en piquant uniquement dans le brin arrière des m) :
1 ms dans chaque m (60 m).
T11 à T13 (3 tours) : 1 ms dans chaque m (60 m).
Continuer *en coloris n°01*.
T14 (en piquant uniquement dans le brin avant des m) :
1 dB dans chaque m (60 m) *(photo 2)*.
Terminer par 1 mc. Couper et rentrer les fils.
Coudre le pompon au sommet du bonnet.

Barbe

Note : se crochète en aller-retour.

En coloris n°01.
R1 : crocheter une chaînette de 28 ml, 3 ml (remplaçant la 1ʳᵉ B du tour suivant), tourner le travail (29 m).
R2 : en commençant dans la 4ᵉ ml en partant du crochet, 3 B dans la même m, passer 1 m, 1 mc, puis *4 B dans la même m, passer 1 m, 1 mc*, répéter encore 7 fois de *à*, terminer par 4 B et 1 mc dans la dernière ml.
Épingler la barbe, endroit contre endroit, sous le nez et les yeux du Père Noël (l'envers de la barbe sera donc la partie visible...) et la coudre *(photo 3)*.
Rentrer tous les fils.

Boîtes pour les autres personnages

Note : prévoir à chaque fois 4 boîtes pour le bonhomme de neige, le renne, le sapin et le lutin et 7 boîtes pour le houx.

Base

En coloris n°01 pour chaque bonhomme de neige, *n°37* pour chaque renne, *n°48* pour chaque sapin, *n°81* pour chaque lutin, 3 bases en *n°37* et 4 bases en *n°35* pour le houx.
T1 à T7 : comme pour le Père Noël.
T8 (en piquant uniquement dans le brin arrière des m) :
7 ms, 1 aug × 6 (54 m).
T9 à T19 (11 tours) : 1 ms dans chaque m (54 m).
T20 : *7 ms, 1 dim* × 6 (48 m).
Terminer par 1 mc. Couper et rentrer le fil.

Couvercle

En coloris n°01 pour chaque bonhomme de neige, *n°37* pour chaque renne, *n°48* pour chaque sapin, *n°41* pour chaque lutin, 3 couvercles en coloris *n°37* et 4 couvercles en *n°35* pour le houx.
T1 à T10 : comme pour le Père Noël.
T11 et T12 (2 tours) : 1 ms dans chaque m (60 m).
Terminer par 1 mc. Couper et rentrer le fil *(photo 4)*.

Décorations

Bonhomme de neige
Fixer les yeux de sécurité entre les tours 7 et 8, en les espaçant de 11 m *(photo 5)*.

Carotte (1 par boîte)

En coloris n°105.
T1 : 2 ml, 4 ms dans la 1ʳᵉ ml (4 m).
T2 : *1 ms, 1 aug* × 2 (6 m).
T3 : 1 ms dans chaque m (6 m).
T4 : *2 ms, 1 aug* × 2 (8 m).
T5 : *3 ms, 1 aug* × 2 (10 m).
T6 : 1 ms dans chaque m (10 m).
T7 : *3 ms, 1 dim* × 2 (8 m).
Terminer par 1 mc. Couper suffisamment de fil pour l'assemblage. Rembourrer légèrement.
Coudre la carotte entre les 2 yeux.

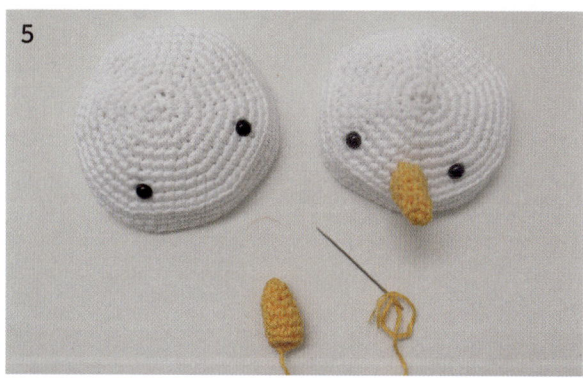

Suite réalisation...

Chapeau (1 par boîte)
En coloris n°11.
T1 à T3 : comme pour la base du Père Noël.
T4 (en piquant uniquement dans le brin arrière des m) :
1 ms dans chaque m (24 m).
T5 à T7 (3 tours) : 1 ms dans chaque m (24 m).
T8 : *1 ms, 1 aug* × 12 (36 m).
T9 : 1 ms dans chaque m (36 m).
Terminer par 1 mc. Couper suffisamment de fil
pour l'assemblage.
Rembourrer légèrement (pour une meilleure tenue),
tourner le rebord vers l'extérieur avant de coudre
le chapeau, légèrement décalé sur le côté du sommet
du couvercle *(photo 6)*.

Renne
Fixer les yeux de sécurité entre les tours 7 et 8,
en les espaçant de 11 m.

Nez (1 par boîte)
En coloris n°23.
T1 : 2 ml, 6 ms dans la 1ʳᵉ ml (6 m).
Terminer par 1 mc dans la 1ʳᵉ ms. Couper suffisamment
de fil pour l'assemblage.
Coudre le nez sur le couvercle, entre les 2 yeux *(photo 7)*.

Bois (2 par boîte)
En coloris n°41.

> Note : chaque renne a 2 grands bois avec 1 petit bois sur chaque grand bois.

Grands bois (× 2 par personnage)
T1 : 2 ml, 6 ms dans la 1ʳᵉ ml (6 m).
T2 : *1 ms, 1 aug* × 3 (9 m).
T3 à T9 (7 tours) : 1 ms dans chaque m (9 m).
Terminer par 1 mc. Couper suffisamment de fil
pour l'assemblage.
Rembourrer légèrement.

Petits bois (× 2 par personnage)
T1 : 2 ml, 6 ms dans la 1ʳᵉ ml (6 m).
T2 à T5 (4 tours) : 1 ms dans chaque m (6 m).
Terminer par 1 mc. Couper suffisamment de fil
pour l'assemblage.
Ne pas rembourrer *(photo 8)*.
Coudre 1 petit bois sur le côté de chaque grand bois
(photo 9).
Puis coudre les bois entre les tours 2 et 5 du couvercle.

Oreilles (× 2 par personnage)
En coloris n°37.
T1 : 3 ml, 6 B dans la 1ʳᵉ ml (6 m).
Terminer par 1 mc dans la 1ʳᵉ B. Couper suffisamment de fil pour l'assemblage.
Coudre les oreilles entre les tours 7 et 8 du couvercle *(photo 10)*.

Sapin
Corps (1 par boîte)
En coloris n°48.
En laissant suffisamment de fil au départ (pour l'assemblage), crocheter 24 ml, fermer par 1 mc dans la 1ʳᵉ ml pour former un rond.
T1 : 1 ms dans chaque ml (24 m).
T2 : 1 ms dans chaque m (24 m).
T3 : *6 ms, 1 dim* × 3 (21 m).
T4 : 1 ms dans chaque m (21 m).
T5 : *5 ms, 1 dim* × 3 (18 m).
T6 : 1 ms dans chaque m (18 m).
T7 : *4 ms, 1 dim* × 3 (15 m).
T8 : 1 ms dans chaque m (15 m).
T9 : *3 ms, 1 dim* × 3 (12 m).
T10 : 1 ms dans chaque m (12 m).
T11 : *2 ms, 1 dim* × 3 (9 m).
T12 : 1 ms dans chaque m (9 m).
T13 : *1 ms, 1 dim* × 3 (6 m).
T14 : 1 ms dans chaque m (6 m).
Terminer par 1 mc. Couper le fil et, en s'aidant de l'aiguille à tapisserie, le passer dans le brin avant des m du dernier tour pour resserrer. Rentrer ce fil. Rembourrer le sapin.

Étoile (1 par boîte)
En coloris n°16.
T1 : 2 ml, 5 ms dans la 1ʳᵉ ml et 1 mc dans la 1ʳᵉ ms (5 m).
T2 : *4 ml, 1 mc dans la 2ᵉ ml en partant du crochet, 1 ms, 1 dB, 1 mc dans la m suivante*, répéter encore 4 fois de *à* (5 branches).
Couper suffisamment de fil pour l'assemblage *(photo 11)*.

Assemblage de la boîte sapin
* Coudre l'étoile au sommet du sapin.
* Avec du fil doré, broder quelques petits traits sur le devant du sapin.
* Coudre le sapin au milieu du couvercle *(photo 12)*.

Suite réalisation...

Houx

Note : chaque bouquet est composé de 2 feuilles et de 3 baies.

Feuilles (2 par boîte) *(voir schémas « Feuille »)*
En coloris n°48.

Note : se crochète en ovale, autour de la chaînette de base.

Crocheter une chaînette de base de 9 ml + 1 ml, tourner le travail (9 m).
T1 : en commençant dans la 2e ml en partant du crochet, 1 ms, 2 dB, 1 B, 2 B dans la même ml, 1 B, 2 dB, 1 ms dans la dernière ml, passer de l'autre côté de la chaînette, 1 ms, 2 dB, 1 B, 2 B dans la même m, 1 B, 2 dB, 1 ms (20 m).
T2 : 2 mc, *1 ms, [2 ml (en étirant un peu la dernière ml), 1 mc dans la 1re ml (= 1 picot)], 1 ms dans la même m que la ms précédente, 2 mc*, répéter encore 2 fois de *à*, 1 picot, 1 ms à la base du picot, 2 mc, répéter à nouveau 2 fois de *à*, 1 ms, 1 picot, 1 ms dans la même m que la ms précédente. Terminer par 1 mc dans la 1re m du tour précédent.
Ne pas couper le fil, mais continuer par la queue et la nervure centrale de la feuille ainsi :
4 ml, 3 ms (en commençant dans la 2e ml en partant du crochet), 10 mc au milieu de la feuille (dans l'espace formé lors du T1, entre les 2 côtés de la chaînette de base). Couper et rentrer le fil.

Baies (3 par boîte)
En coloris n°23.
T1 : 2 ml, 6 ms dans la 1re ml (6 m).
T2 : 1 ms dans chaque m (6 m).
Terminer par 1 mc. Couper suffisamment de fil pour l'assemblage.
Ne pas rembourrer *(photo 13)*.

Assemblage de la boîte houx
* Coudre les 2 feuilles sur le couvercle, en les plaçant légèrement sur le bord du couvercle, et en les disposant de façon à superposer la 2e queue sur la 1re *(photo 14)*.
* Fixer ensuite les baies sur les feuilles. Rentrer les fils *(photo 15)*.

Lutin

Fixer les yeux de sécurité sur la base de la boîte entre les tours 13 et 14, en les espaçant de 11 m.

Feuille

Légendes

◀ Fin   ◁ Début

○ 1 ml : 1 jeté, écouler la boucle sur le crochet.

− 1 mc : piquer le crochet dans 1 m, 1 jeté et écouler toutes les boucles sur le crochet.

× 1 ms : piquer le crochet dans 1 m, 1 jeté à travers la m, 1 jeté, écouler toutes les boucles sur le crochet.

T 1 dB : 1 jeté avant de piquer le crochet dans 1 m, 1 jeté à travers la m, 1 jeté et écouler toutes les boucles sur le crochet.

₸ 1 B : 1 jeté avant de piquer le crochet dans 1 m, 1 jeté à travers la m, puis répéter *1 jeté, écouler 2 boucles*.

⚓ 1 ms, 2 ml (en étirant légèrement la dernière ml), 1 mc dans la 1re ml, 1 ms dans la même m que la ms précédente.

Oreilles (2 par boîte)
En coloris n°81.
T1 : 2 ml, 4 ms dans la 1re ml (4 m).
T2 : *1 ms, 1 aug* × 2 (6 m).
T3 : *2 ms, 1 aug* × 2 (8 m).
T4 : *3 ms, 1 aug* × 2 (10 m).
T5 : *4 ms, 1 aug* × 2 (12 m).
T6 à T8 (3 tours) : 1 ms sur chaque m (12 m).
Terminer par 1 mc. Couper suffisamment de fil pour l'assemblage.
Ne pas rembourrer.
Pincer la base de l'oreille, la maintenir par 1 point *(photo 16)*. Puis coudre les oreilles de chaque côté de la boîte, entre les tours 13 et 14, et à 6 m des yeux.

Bonnet (1 par boîte)

> Note : se commence par la base.

En coloris n°23.
En laissant suffisamment de fil (pour l'assemblage) au départ, crocheter 24 ml et fermer par 1 mc dans la 1re ml pour former un rond.
T1 : 1 ms dans chaque ml (24 m).
T2 : 1 ms dans chaque m (24 m).
Continuer *en coloris n°48*.
T3 : 1 ms dans chaque m (24 m).
T4 : *6 ms, 1 dim* × 3 (21 m).
T5 et T6 (2 tours) : 1 ms dans chaque m (21 m).
T7 : *5 ms, 1 dim* × 3 (18 m).
T8 et T9 (2 tours) : 1 ms dans chaque m (18 m).
T10 : *4 ms, 1 dim* × 3 (15 m).
T11 et T12 (2 tours) : 1 ms dans chaque m (15 m).
T13 : *3 ms, 1 dim* × 3 (12 m).
T14 et T15 (2 tours) : 1 ms dans chaque m (12 m).
T16 : *2 ms, 1 dim* × 3 (9 m).
T17 et T18 (2 tours) : 1 ms dans chaque m (9 m).
T19 : *1 ms, 1 dim* × 3 (6 m).
T20 et T21 (2 tours) : 1 ms dans chaque m (6 m).
Terminer par 1 mc. Couper suffisamment de fil pour l'assemblage.

Grelot (1 par boîte)
En coloris n°83.
Crocheter comme les baies du houx.

Assemblage de la boîte lutin
* Coudre le grelot à l'extrémité du bonnet *(photo 17)*.
* Plier la pointe du bonnet et la maintenir en place par quelques points *(photo 18)*.
* Rembourrer légèrement le bonnet, puis le coudre sur le couvercle.

Finitions

Coller (avec la colle textile) chaque ovale numéroté sur les boîtes, en réservant le *n°24* pour le Père Noël.

Votre calendrier de l'Avent est terminé !
Félicitations car c'est un projet qui demande de la patience et de la persévérance.
Il ne vous reste plus qu'à le garnir de petites surprises pour attendre jusqu'à Noël...

❄

CHATS
de Noël

Auteure : Laëtitia B
Instagram : @laeb_bis

Dimensions
Hauteur Basile :
25 cm
Hauteur Garance :
21 cm

Fournitures (pour les 2 projets)

* Fil Natura Just Cotton DMC, 1 pelote dans les coloris suivants : n°121 Grey (gris), n°11 Noir (noir), n°28 Zaphire (bleu marine), n°14 Green Valley (vert foncé), n°02 Ivory (ivoire), n°555 Hémoglobine (rouge sang)
* Fil Lumina DMC, coloris Or
* Un peu de fil à broder noir (yeux), rose (nez) et rouge (bouche)
* Un peu de fil Diamant Grandé DMC (moustaches)
* Ouate de rembourrage
* 1 pique à brochette (couper deux morceaux de 4 cm)
* 2 perles de bois (8mm)
* Ruban au choix
* 1 crochet n°2,5
* 1 aiguille à laine
* 1 paire de ciseaux
* Anneaux marqueurs amovibles
* Un peu de carton et de colle tous supports
* Épingles

Bonus
Scannez le QRcode

Poupées et amigurumis de Noël au crochet

Basile et son tambour

Note préalable :
sauf mention contraire,
toujours crocheter en spirale.

Tête

En coloris n°121.

> Note : rembourrer au fur et à mesure.

T1 : 6 ms dans un anneau magique (6 m).
T2 : 6 aug (12 m).
T3 : *1 ms, 1 aug* × 6 (18 m).
T4 : *2 ms, 1 aug* × 6 (24 m).
T5 : *3 ms, 1 aug* × 6 (30 m).
T6 : *4 ms, 1 aug* × 6 (36 m).
T7 : *5 ms, 1 aug* × 6 (42 m).
T8 : *6 ms, 1 aug* × 6 (48 m).
T9 : *7 ms, 1 aug* × 6 (54 m).
T10 à T17 (8 tours) : 1 ms dans chaque m. (54 m).
T18 : *7 ms, 1 dim* × 6 (48 m).
T19 : *6 ms, 1 dim* × 6 (42 m).
T20 : *5 ms, 1 dim* × 6 (36 m).
T21 : *4 ms, 1 dim* × 6 (30 m).
T22 : *3 ms, 1 dim* × 6 (24 m).
T23 : *2 ms, 1 dim* × 6 (18 m).
Terminer par 1 mc. Couper et rentrer le fil.

Oreilles (× 2)

En coloris n°121.

T1 : 6 ms dans un anneau magique (6 m).
T2 : 1 ms dans chaque m (6 m).
T3 : 6 aug (12 m).
T4 et T5 (2 tours) : 1 ms dans chaque m (12 m).
T6 : *3 ms, 1 aug* × 3 (15 m).
T7 : *4 ms, 1 aug* × 3 (18 m).
T8 : 1 ms dans chaque m (18 m).
Terminer par 1 mc. Couper suffisamment de fil pour l'assemblage.
Épingler, puis coudre les oreilles entre les tours 4 et 9 de la tête *(photo 1)*.

Corps

Notes : rembourrer au fur et à mesure jusqu'en haut du buste.

Il se commence par les jambes.

Jambes (× 2)
En coloris n°11.
T1 : 5 ms dans un anneau magique (5 m).
T2 : 5 aug (10 m).
T3 à T12 (10 tours) : 1 ms dans chaque m (10 m).
Continuer *en coloris n°28.*
T13 (en piquant uniquement dans le brin arrière des m) : 1 ms dans chaque m (10 m).
T14 à T31 (18 tours) : 1 ms dans chaque m (10 m).
Terminer par 1 mc. Couper suffisamment de fil pour l'assemblage.
À la fin de l'autre jambe, ne pas couper le fil, mais poursuivre ainsi :

Buste
T32 : 3 ml, 10 ms dans la 1re jambe, 3 ml, 10 ms dans l'autre jambe (26 m) *(photo 2)*.
T33 : 1 ms, 1 aug, 24 ms (27 m).
T34 à T37 (4 tours) : 1 ms dans chaque m (27 m).
Coudre l'entrejambe.
Continuer *en coloris n°11.*
T38 (en piquant uniquement dans le brin arrière des m) : 1 ms dans chaque m (27 m) *(photo 3)*.
T39 : 1 ms dans chaque m (27 m) *(photo 4)*.
Continuer *en coloris n°14.*
T40 (en piquant uniquement dans le brin arrière des m) : 1 ms dans chaque m (27 m).
T41 à T50 (10 tours) : 1 ms dans chaque m (27 m).
T51 : *7 ms, 1 dim* × 3 (24 m).
T52 : *2 ms, 1 dim* × 6 (18 m).
Crocheter en ms pour atteindre le milieu de l'arrière du cou, terminer par 1 mc. Couper suffisamment de fil pour l'assemblage.

Bras (× 2)

En coloris n°121.
T1 : 6 ms dans un anneau magique (6 m).
T2 : *1 ms, 1 aug* × 3 (9 m).
T3 à T5 (3 tours) : 1 ms dans chaque m (9 m).
T6 : 7 ms, 1 dim (8 m).
Rembourrer uniquement jusqu'à ce niveau.
Continuer *en coloris n°11.*
T7 (en piquant uniquement dans le brin arrière des m) : 1 ms dans chaque m (8 m).
T8 et T9 (2 tours) : 1 ms dans chaque m (8 m) *(photo 5)*.
Continuer *en coloris n°14.*
T10 (en piquant uniquement dans le brin arrière des m) : 1 ms dans chaque m (8 m).
T11 à T21 (11 tours) : 1 ms dans chaque m (8 m).
Terminer par 1 mc. Couper suffisamment de fil pour l'assemblage *(photo 6)*.

Collerette

Note : se crochète en aller-retour.

En coloris n°02.
R1 : laisser suffisamment de fil (pour l'assemblage) au départ, crocheter une chaînette de base de 19 ml + 3 ml, tourner le travail (20 m).

Note : les 3 ml en fin de rang servent à tourner le travail et remplacent la 1re B du rang suivant.

R2 : 2 B dans la 4e m en partant du crochet, puis 3 B dans chaque ml, 3 ml, tourner le travail (60 m).
R3 : 1 B dans la 4e m en partant du crochet, puis 2 B dans chaque m (120 m).
Continuer *en coloris Or.*
R4 : 1 ms dans chaque m (120 m) *(photo 7)*.
Terminer par 1 mc. Couper et rentrer les fils (sauf celui pour l'assemblage).

Suite réalisation...

Chapeau

En coloris n°11.
T1 : 6 ms dans un anneau magique (6 m).
T2 : 6 aug (12 m).
T3 : *1 ms, 1 aug* × 6 (18 m).
T4 : *2 ms, 1 aug* × 6 (24 m).
T5 : *3 ms, 1 aug* × 6 (30 m).
T6 (en piquant uniquement dans le brin arrière des m) :
1 ms dans chaque m (30 m).
T7 : 1 ms dans chaque m (30 m).
Continuer *en coloris Or*.
T8 et T9 (2 tours) : 1 ms dans chaque m (30 m).
Continuer *en coloris n°11*.
T10 et T11 (2 tours) : 1 ms dans chaque m (30 m).
Continuer *en coloris Or*.
T12 et T13 (2 tours) : 1 ms dans chaque m (30 m).
Continuer *en coloris n°11*.
T14 à T17 (4 tours) : 1 ms dans chaque m (30 m).
Terminer par 1 mc. Couper suffisamment de fil pour l'assemblage.
Couper un petit disque de carton de la taille du fond du chapeau et le coller à l'intérieur pour lui donner une forme bien plate *(photos 8 et 9)*.

Bas de la veste

En coloris n°14.
Placer la poupée, tête en bas, attacher le fil dans le brin avant libre du tour 37 du buste, au milieu du ventre, 3 ml (remplacent la 1ʳᵉ B), puis crocheter 1 B dans chaque brin libre *(photo 10)*.
Terminer par 1 mc dans la dernière ml du début de tour.
Couper et rentrer les fils.

Assemblage Basile

* Fixer la tête sur le buste *(photo 11)*.
* Coudre les bras de chaque côté du buste *(photo 12)*.
* Broder les yeux en fil à broder noir, entre les tours 12 et 13 de la tête, en les espaçant de 11 m. Puis broder le nez en fil à broder rose, sur les tours 13 et 14. Rosir les joues à l'aide d'un tissu crayonné de rouge *(photo 13)*.
* *En coloris Or*, broder les lacets des bottes, la boucle de ceinture et les boutons de la veste *(photo 13)*.
* Passer *du fil Diamant Grandé* dans les joues et le dédoubler pour réaliser les moustaches.
* Installer la collerette et la fermer avec le fil d'assemblage.
* Rembourrer légèrement le chapeau et le fixer entre les oreilles.

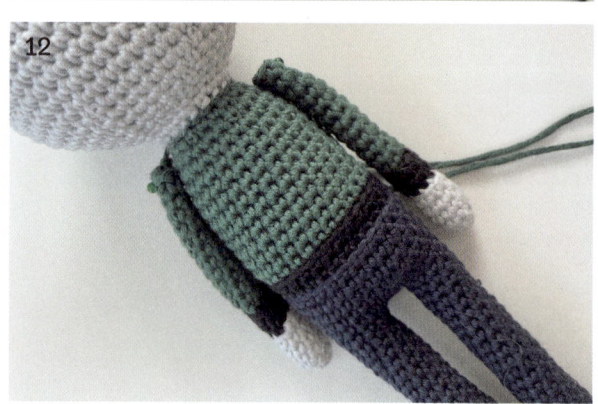

Tambour

Caisse

En coloris n°02.
T1 : 6 ms dans un anneau magique (6 m).
T2 : 6 aug (12 m).
T3 : *1 ms, 1 aug* × 6 (18 m).
T4 : *2 ms, 1 aug* × 6 (24 m).
T5 : *3 ms, 1 aug* × 6 (30 m).
T6 : *4 ms, 1 aug* × 6 (36 m).
T7 (en piquant uniquement dans le brin arrière des m) :
1 ms dans chaque m (36 m).
Continuer *en coloris n°555.*
T8 à T13 (6 tours) : 1 ms dans chaque m (36 m).
Continuer *en coloris Or.*
T14 et T15 (2 tours) : 1 ms dans chaque m (36 m).
Terminer par 1 mc. Couper suffisamment de fil pour l'assemblage.

Base

En coloris n°555.
T1 à T6 : comme la caisse.
Terminer par 1 mc. Couper et rentrer les fils.

Assemblage

* Coller 2 disques en carton, l'un sur l'envers de la base et l'autre dans le fond de la caisse *(photos 14 et 15).* Attendre le séchage complet.
* Rembourrer légèrement, puis avec le fil d'assemblage, coudre la base sous le tambour *(photo 16).*
* *En coloris Or*, broder des zigzags autour du tambour *(photo 17).* Puis, toujours *en coloris Or*, crocheter une chaînette de 40 ml et la fixer au tambour pour réaliser la sangle.
* Enfin, couper les cure-dents aux dimensions souhaitées et les insérer dans les petites boules blanches pour former les baguettes.

Suite réalisation…

Chats de Noël

Garance et son cadeau

Note préalable :
sauf mention contraire,
toujours crocheter en spirale.

Tête

Note : rembourrer au fur et à mesure.

En coloris n°02.
T1 : 6 ms dans un anneau magique (6 m).
T2 : 6 aug (12 m).
T3 : *1 ms, 1 aug* × 6 (18 m).
T4 : *2 ms, 1 aug* × 6 (24 m).
T5 : *3 ms, 1 aug* × 6 (30 m).
T6 : *4 ms, 1 aug* × 6 (36 m).
T7 : *5 ms, 1 aug* × 6 (42 m).
T8 : *6 ms, 1 aug* × 6 (48 m).
T9 : *7 ms, 1 aug* × 6 (54 m).
T10 à T17 (8 tours) : 1 ms dans chaque m (54 m).
T18 : *7 ms, 1 dim* × 6 (48 m).
T19 : *6 ms, 1 dim* × 6 (42 m).
T20 : *5 ms, 1 dim* × 6 (36 m).
T21 : *4 ms, 1 dim* × 6 (30 m).
T22 : *3 ms, 1 dim* × 6 (24 m).
T23 : *2 ms, 1 dim* × 6 (18 m).
Terminer par 1 mc. Couper et rentrer le fil.

Oreilles (× 2)

En coloris n°02.
T1 : 6 ms dans un anneau magique (6 m).
T2 : 1 ms dans chaque m (6 m).
T3 : 6 aug (12 m).
T4 et T5 (2 tours) : 1 ms dans chaque m (12 m).
T6 : *3 ms, 1 aug* × 3 (15 m).
T7 : *4 ms, 1 aug* × 3 (18 m).
T8 : 1 ms dans chaque m (18 m).
Terminer par 1 mc. Couper suffisamment de fil pour l'assemblage.
Assembler les oreilles sur la tête, entre les tours 4 et 9 (photo 18).

Corps

Note : le rembourrer au fur et à mesure.

Il se commence par les jambes.
Jambes (× 2)
En coloris n°555.
T1 : 6 ms dans un anneau magique (6 m).
T2 : 1 ms dans chaque m (6 m).
T3 : *1 ms, 1 aug* × 3 (9 m).
T4 à T7 (4 tours) : 1 ms dans chaque m (9 m).
Continuer *en coloris n°02*.
T8 (en piquant uniquement dans le brin arrière des m) :
1 ms dans chaque m (9 m) *(photo 19)*.
T9 à T28 (20 tours) : 1 ms dans chaque m (9 m).
Continuer *en coloris n°555*.
T29 et T30 (2 tours) : 1 ms dans chaque m (9 m).
Terminer par 1 mc. Couper suffisamment de fil pour l'assemblage.
À la fin de l'autre jambe, ne pas couper le fil, mais poursuivre ainsi :

Buste
T31 : 3 ml, 9 ms dans la 1ʳᵉ jambe, 3 ml, 9 ms dans l'autre jambe (24 m) *(photo 20)*.
T32 : *7 ms, 1 aug* × 3 (27 m).
T33 à T35 (3 tours) : 1 ms dans chaque m (27 m).
Coudre l'entrejambe *(photo 21)*.
T36 (en piquant uniquement dans le brin arrière des m) :
1 ms dans chaque m (27 m).
T37 à T40 (4 tours) : 1 ms dans chaque m (27 m).
T41 : *7 ms, 1 dim* × 3 (24 m).
T42 et T43 (2 tours) : 1 ms dans chaque m (24 m).
T44 : *6 ms, 1 dim* × 3 (21 m).
T45 : 1 ms dans chaque m (21 m).
Continuer *en coloris n°02*.
T46 (en piquant uniquement dans le brin arrière des m) :
1 ms dans chaque m (21 m).
T47 : 1 ms dans chaque m (21 m).
T48 : *5 ms, 1 dim* × 3 (18 m).
T49 : 1 ms dans chaque m (18 m).
Terminer par 1 mc. Couper suffisamment de fil pour l'assemblage.

Bras (× 2)

En coloris n°02.
T1 : 6 ms dans un anneau magique (6 m).
T2 : *1 ms, 1 aug* × 3 (9 m).
T3 à T6 (4 tours) : 1 ms dans chaque m (9 m).
T7 : 5 ms, 2 dim (7 m).
T8 à T20 (13 tours) : 1 ms dans chaque m (7 m).
Terminer par 1 mc. Couper suffisamment de fil pour l'assemblage *(photo 22)*.

Tutu

Note : il se compose de 2 parties, d'abord réunies entre elles, avant d'être assemblées sur le buste.

Partie 1

Note : se crochète en aller-retour.

En coloris n°555.
R1 : en gardant environ 30-35 cm de fil au début (pour l'assemblage), crocheter une chaînette de base de 27 ml + 3 ml, tourner le travail.

Note : les 3 ml en fin de rang ne comptent pas comme des m, elles servent uniquement à tourner le travail.

R2 : 2 B dans la 4ᵉ ml en partant du crochet, puis 3 B dans chaque m, 3 ml, tourner le travail (81 m).
R3 : 1 B dans la 4ᵉ ml en partant du crochet, puis 2 B dans chaque m, 3 ml, tourner le travail (162 m).
R4 : 1 B dans chaque m (162 m).
Terminer par 1 mc et couper un peu de fil pour l'assemblage.

Partie 2
En coloris n°555.
R1 à R3 : comme pour la partie 1 (y compris les 30-35 cm de fil au début).
Superposer les 2 parties, la partie 1 au-dessus de la partie 2.
Puis, utiliser l'une des longueurs de fil pour les assembler *(photos 23 et 24)*.

Suite réalisation...

Assemblage de Garance

* Coudre le tutu sur les brins libres du tour 35 du buste.
* *En coloris Or*, ajouter 1 rang de ms sur le bas des 2 jupons du tutu *(photo 25)*.
* **Broderie du visage**
  En fil à broder noir, broder les yeux entre les tours 12 et 13 de la tête, en les espaçant de 11 m.
  En fil à broder rose, broder le nez sur les tours 13 et 14.
  En fil à broder rouge, broder la bouche entre les tours 16 et 17 *(photo 26)*.
* Rosir les joues à l'aide d'un tissu crayonné de rouge.
* Passer du *fil Diamant Grandé* dans les joues, puis le dédoubler pour former les moustaches.
* Assembler la tête sur le buste.
* Coudre les bras au niveau du tour 47 du corps *(photo 27)*.
* Faire passer 1 *fil à broder rouge* à l'arrière du chausson, puis le nouer pour réaliser les lacets *(photo 28)*.
* **Pour les bretelles (× 2)** : crocheter 7 ou 8 ml, en démarrant à l'avant dans l'1 des brins avant libre du tour 46 du buste, près du bras, et terminer par 1 mc dans le brin avant libre à l'arrière de la poupée *(photo 29)*.

Bouquet de houx

Point et abréviation particuliers
augB : augmentation(s) de brides = crocheter 2 brides dans la même maille.
Picot = 2 mailles en l'air, 1 maille coulée piquée dans la 2ᵉ maille en l'air en partant du crochet.

Baie
En coloris n°555.
T1 : 5 ms dans un anneau magique (5 m).
T2 : 5 aug (10 m).
T3 : 1 ms dans chaque m (10 m).
Terminer par 1 mc. Couper suffisamment de fil pour l'assemblage.

Feuille de houx

> *Note : se crochète en ovale, autour de la chaînette de base.*

En coloris n°14.
Crocheter une chaînette de base de 9 ml + 1 ml, tourner le travail (9 m).
T1 : en commençant dans la 2ᵉ m. en partant du crochet, 2 ms, 1 dB, 1 B, 1augB dans la m suivante, 1 B, 1 dB, 1 ms, 3 ms dans la dernière ml pour passer de l'autre côté de la chaînette, 1 ms, 1 dB, 1 B, 1 augB dans la m suivante, 1 B, 1 dB, 2 ms, 1 mc (21 m).

T2 : *1 mc, [1 ms, 1 picot, 1 ms] dans la m suivante, 1 mc*, répéter 7 fois de *à*.
Pour la tige, 3 ml, 1 mc dans la 2e m en partant du crochet, 1 mc à la base des 3 ml.
Couper suffisamment de fil pour l'assemblage.
Coudre la baie sur la feuille, puis le tout sur la tête de la poupée *(photo 30)*.

Cadeau

Boîte
En coloris n°02.
T1 : 6 ms dans un anneau magique (6 m).
T2 : 6 aug (12 m).
T3 : *1 ms, 1 aug* × 6 (18 m).
T4 : *2 ms, 1 aug* × 6 (24 m).
T5 : *3 ms, 1 aug* × 6 (30 m).
T6 : *4 ms, 1 aug* × 6 (36 m).
T7 (en piquant uniquement dans le brin arrière des m) :
1 ms dans chaque m (36 m).
T8 à T17 (10 tours) : 1 ms dans chaque m (36 m).
Terminer par 1 mc. Couper et rentrer le fil.

Couvercle
En coloris n°02.
T1 à T6 : comme pour la boîte.
T7 : *11 ms, 1 aug* × 3 (39 m).
T8 (en piquant uniquement dans le brin arrière des m) :
1 ms dans chaque m (39 m).
Continuer *en coloris Or.*
T9 et T10 : 1 ms dans chaque m (39 m).
T11 : 1 ms dans chaque m (39 m), 1 mc.
T12 : *4 ml, passer 1 m, 1 mc*, répéter de *à* sur tout le tour. Couper et rentrer le fil.

Assemblage
* Couper 2 disques dans le carton et les coller dans le fond de la boîte et du couvercle *(photos 31 et 32)*. Attendre le séchage complet.
* Rembourrer légèrement.
* Poser le couvercle sur la boîte et fermer en faisant un petit nœud *en coloris Or (photo 33)*.

Poupée Alix
et ses accessoires

Auteure : Lulu Compotine
Instagram : @luciennecompotine
Blog : lucompotine.com

Dimensions
Hauteur : environ 25 cm

Fournitures

* Fil Natura Just Cotton DMC, 1 pelote dans les coloris suivants : n°121 Grey (gris), n°555 Hémoglobine (rouge sang), n°81 Acanthe (chair), n°02 Ivory (ivoire), n°11 Noir (noir), n°41 Siena (marron), n°37 Canelle (beige)
* Fil Mérino Essentiel 3 DMC, 1 pelote dans les coloris suivants : n°971 (rouge), n°954 (marron)
* Fil Woolly DMC, 1 pelote en coloris n°091 (moutarde)
* Fil Teddy DMC, 1 pelote en coloris n°310 (blanc)
* Fil retors DMC, 2 échevettes en coloris n°2765 (pour le pain d'épice, facultatif ; sinon utiliser le fil Natura Just Cotton coloris n°37)
* Fil à broder noir (yeux)
* Ouate de rembourrage
* 1 cure-pipe (facultatif, pour Alix)
* 1 pique à brochette de 16 cm (uniquement pour le bâton renne)
* 1 crochet n°2,5
* 1 crochet n°2,75 (uniquement pour le bonnet)
* 1 aiguille à tapisserie
* 1 paire de ciseaux
* Anneaux marqueurs amovibles
* Épingles

Poupées et amigurumis de Noël au crochet

Point particulier

Bobble (pour le pouce des mains entre autres)
Crocheter 4 brides incomplètes dans la même maille (il doit y avoir 5 boucles sur le crochet).
Puis, 1 jeté et le ramener à travers toutes les boucles sur le crochet. Si le point pointe vers l'envers du travail, il suffit de le pousser vers l'extérieur.
Puis continuer à crocheter normalement la maille serrée suivante.

*Notes préalables :
sauf mention contraire,
toujours crocheter en spirale.
Veiller à crocheter suffisamment serré
pour que le rembourrage n'apparaisse
pas entre les mailles.*

Alix

Corps

Note : rembourrer au fur et à mesure (en s'aidant d'une baguette en bois ou du manche du crochet).

Jambes (× 2)

Note : se crochètent en ovale, autour de la chaînette de base.

En coloris n°121.
Crocheter une chaînette de 5 ml + 1 ml (5 m).
T1 : en commençant dans la 2ᵉ ml en partant du crochet, 4 ms, 3 ms dans la dernière ml pour passer de l'autre côté de la chaînette, 3 ms, 1 aug (12 m).
T2 : 1 aug, 3 ms, 4 aug, 3 ms, 1 aug (18 m).
T3 et T4 (2 tours) : Crocheter 1 ms dans chaque m (18 m).
T5 : 5 ms, 4 dim, 5 ms (14 m).
T6 : 5 ms, 2 dim, 5 ms (12 m) *(photo 1)*.
T7 à T27 (21 tours) : 1 ms dans chaque m (12 m).
T28 : 1 ms, 1 aug, 5 ms, 1 aug, 4 ms (14 m).
T29 : 1 ms dans chaque m (14 m).
Crocheter encore 6 ms pour arriver à l'arrière de la jambe et terminer par 1 mc. Couper et rentrer le fil. Compléter le rembourrage.
Crocheter l'autre jambe à l'identique, mais ajouter en plus :
T30 : 1 ms dans chaque m (14 m) *(photo 2)*.
Ne pas couper le fil et poursuivre comme suit :

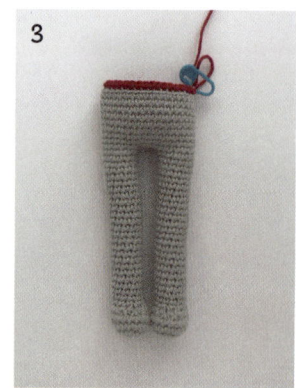

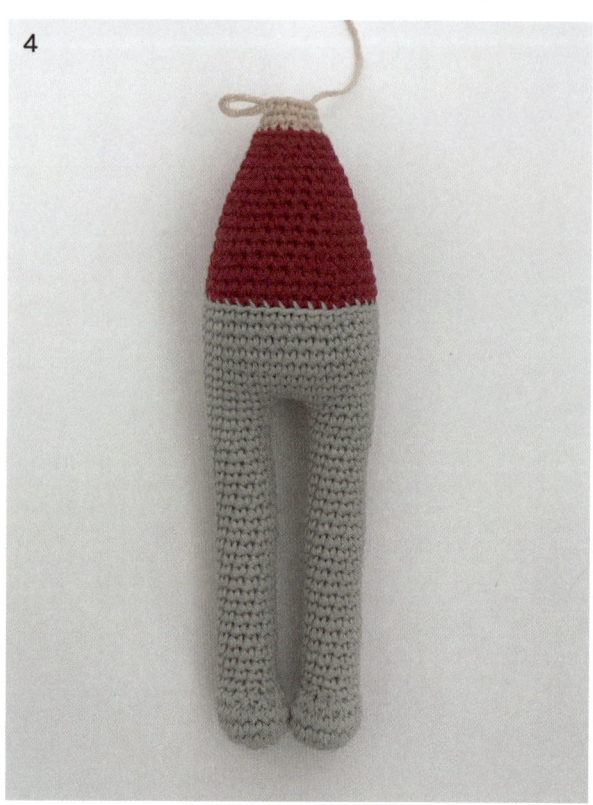

Buste

Placer les 2 jambes, côte à côte, et en partant de la 2e jambe :

T1 : 4 ml, 1 ms dans chaque m de la 1re jambe, 4 ms sur la chaînette, 1 ms dans chaque m de l'autre jambe (4 + 14 + 4 +14 = 36 m).
Placer un anneau marqueur ici pour le début de tour.
T2 à T9 (8 tours) : 1 ms dans chaque m (36 m).
T10 : 30 ms uniquement. Déplacer l'anneau marqueur (nouveau début de tour).
Continuer *en coloris n°555*.
T11 (en piquant uniquement dans le brin arrière des m) : 1 ms dans chaque m (36 m) *(photo 3)*.

Note : ne pas oublier de rembourrer fermement au fur et à mesure.

T12 : *7 ms, 1 dim* × 4 (32 m).
T13 et T14 (2 tours) : crocheter 1 ms (= nouveau début de T) dans chaque m (32 m).
T15 : *6 ms, 1 dim* × 4 (28 m).
T16 et T17 (2 tours) : 1 ms dans chaque m (28 m).
T18 : *5 ms, 1 dim* × 4 (24 m).
T19 et T20 (2 tours) : crocheter 1 ms (= nouveau début de T) dans chaque m (24 m).
T21 : *4 ms, 1 dim* × 4 (20 m).
T22 : 1 ms dans chaque m (20 m).
T23 : *3 ms, 1 dim* × 4 (16 m).
T24 : 1 ms dans chaque m (16 m).
Continuer *en coloris n°81*.
T25 (en piquant uniquement dans le brin arrière des m) : 1 ms dans chaque m (16 m).
T26 : *2 ms, 1 dim* × 4 (12 m).
T27 : 1 ms dans chaque m (12 m).
Compléter le rembourrage *(photo 4)*.
Ne pas couper le fil, mais poursuivre ainsi :

Tête

T1 : 12 aug (24 m).
T2 : *2 ms, 1 aug* × 8 (32 m).
T3 : *3 ms, 1 aug* × 8 (40 m).
T4 : 2 ms, 1 aug, *4 ms, 1 aug* × 7, 2 ms (48 m).
T5 : *5 ms, 1 aug* × 8 (56 m).
T6 à T19 (14 tours) : 1 ms dans chaque m (56 m).

Note : pour plus de stabilité au niveau du cou, glisser le cure-pipe dans l'ouverture (facultatif, photo 5).

T20 : *5 ms, 1 dim* × 8 (48 m).
T21 : 1 ms dans chaque m (48 m).
T22 : *6 ms, 1 dim* × 6 (42 m).
T23 : *5 ms, 1 dim* × 6 (36 m).
T24 : *4 ms, 1 dim* × 6 (30 m).
T25 : *3 ms, 1 dim* × 6 (24 m).
T26 : *2 ms, 1 dim* × 6 (18 m).
T27 : *1 ms, 1 dim* × 6 (12 m).
T28 : 6 dim (6 m).
Couper une longueur de fil.
Compléter le rembourrage, puis, en s'aidant de l'aiguille à tapisserie, passer le fil dans le brin avant des m du dernier tour pour resserrer. Rentrer le fil *(photo 6)*.
En fil à broder noir, broder les yeux au niveau du tour 10, en les espaçant de 12 m.

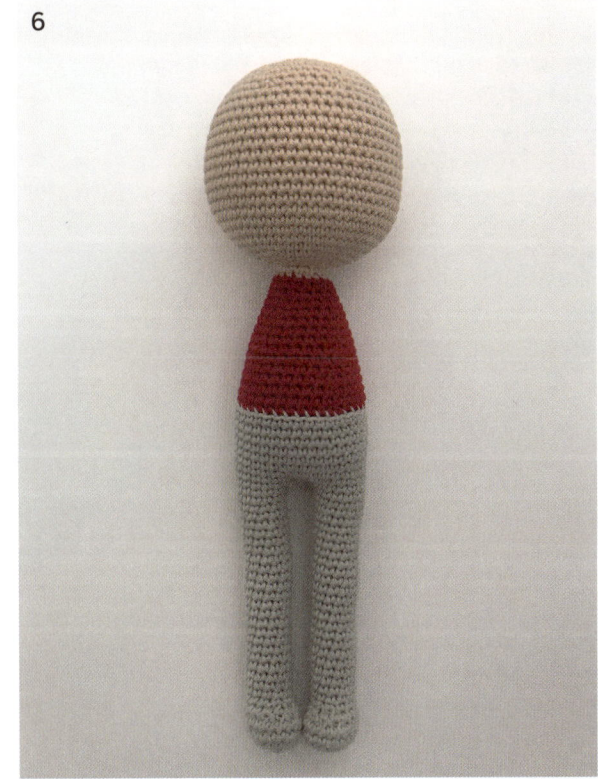

Suite réalisation...

Poupée Alix et ses accessoires

Bras (× 2)

Bras droit
En coloris n°81.
T1 : 2 ml, 5 ms dans la 1re ml (5 m).
T2 : 5 aug (10 m).
T3 : 1 ms dans chaque m (10 m).
T4 : 1 ms, 1 bobble (= pouce), 8 ms (10 m).
T5 : 1 ms dans chaque m (10 m).
T6 : 1 ms, 1 dim, 3 ms, 1 dim, 2 ms (8 m).
Rembourrer légèrement la main (en s'aidant d'une baguette en bois ou du manche du crochet).
T7 et T8 (2 tours) : 1 ms dans chaque m (8 m).
Continuer *en coloris n°11.*

Note : toujours changer de coloris lors du dernier jeté du tour concerné. Laisser le fil non utilisé en attente sur l'envers du travail, poursuivre avec le nouveau coloris, puis reprendre le fil en attente au tour suivant.

T9 : 1 ms dans chaque m (8 m).
Continuer *en coloris n°02.*
T10 et T11 (2 tours) : 1 ms dans chaque m (8 m).
Crocheter 1 ms (= nouveau début de tour ; pour permettre de centrer le décalage des rayures au dos du bras).
Continuer *en coloris n°11.*
T12 : 1 ms dans chaque m (8 m).
Continuer *en coloris n°02.*
T13 et T14 (2 tours) : 1 ms dans chaque m (8 m).
Continuer *en coloris n°11.*
T15 : 1 ms dans chaque m (8 m).
Continuer *en coloris n°02.*
T16 et T17 (2 tours) : 1 ms dans chaque m (8 m).
Crocheter 1 ms (= nouveau début de tour).
Continuer *en coloris n°11.*
T18 : 1 ms dans chaque m (8 m).
Continuer *en coloris n°02.*
T19 et T20 : 1 ms dans chaque m (8 m).
Continuer *en coloris n°11.*
T21 : 1 ms dans chaque m (8 m).
Continuer *en coloris n°02.*
T22 et T23 (2 tours) : 1 ms dans chaque m (8 m).
Crocheter 1 ms (= nouveau début de tour).
Continuer *en coloris n°11.*
T24 : 1 ms dans chaque m (8 m).
Continuer *en coloris n°02.* Couper et rentrer le *coloris n°11.*
T25 : 6 ms pour centrer les rayures au dos du bras. Aplatir le haut du bras. Crocheter 3 ms en piquant le crochet dans les 2 épaisseurs en même temps pour fermer *(photo 7).*
Couper suffisamment de fil pour l'assemblage.

7

Devant du bras   Dos du bras

8

Bras gauche

En coloris n°81.

T1 : 2 ml, 5 ms dans la 1re ml (5 m).
T2 : 5 aug (10 m).
T3 : 1 ms dans chaque m (10 m).
T4 : 6 ms, 1 bobble (= pouce), 3 ms (10 m).
T5 : 1 ms dans chaque m (10 m).
T6 : 1 ms, 1 dim, 3 ms, 1 dim, 2 ms (8 m).
Rembourrer légèrement la main (en s'aidant d'une baguette en bois ou du manche du crochet).
T7 et T8 (2 tours) : 1 ms dans chaque m (8 m).
T9 à T24 : comme pour le bras droit (y compris l'alternance des coloris).
T25 : 9 ms pour avoir le début du tour au milieu du dos du bras.
Aplatir le haut du bras. Crocheter 3 ms en piquant le crochet dans les 2 épaisseurs en même temps pour fermer.
Couper suffisamment de fil pour l'assemblage.
Assembler les bras de part et d'autre du corps au niveau du tour 25 *(photo 8)*.

Cheveux

En coloris n°954.

T1 : 2 ml, 6 ms dans la 1re ml (6 m).
T2 : 6 aug (12 m).
T3 : *1 ms, 1 aug* × 6 (18 m).
T4 : *2 ms, 1 aug* × 6 (24 m).
T5 : *3 ms, 1 aug* × 6 (30 m).
T6 : *4 ms, 1 aug* × 6 (36 m).
T7 : *5 ms, 1 aug* × 6 (42 m).
T8 : *6 ms, 1 aug* × 6 (48 m).
T9 : *7 ms, 1 aug* × 6 (54 m).
T10 à T20 (11 tours) : 1 ms dans chaque m (54 m).
T21 : *11 ms, 1 dim* × 4, 2 ms (50 m).
Terminer par 1 mc. Couper suffisamment de fil pour l'assemblage.
Couper et rentrer le fil du début *(photo 9)*.
Avec le fil d'assemblage, coudre les cheveux sur la tête, puis broder plusieurs mèches sur le front pour former la frange.

Couettes (× 2)

En coloris n°954.

Crocheter une chaînette de base de 14 ml + 1 ml pour tourner le travail. Puis crocheter 14 ms en commençant dans la 2e ml en partant du crochet ; reprendre encore 2 fois de *à* pour former 2 autres mèches identiques, les unes à la suite des autres. Donner la forme définitive des mèches, à la main. Couper suffisamment de fil pour l'assemblage.

Coudre les couettes de part et d'autre de la tête au niveau du tour 10 *(photo 10)*. Couper et rentrer les fils.

Combinaison

Note : se crochète d'abord en aller-retour, puis en spirale.

En coloris n°971.

R1 : crocheter une chaînette de base de 25 ml. Puis, en commençant dans la 2e ml en partant du crochet, 24 ms, 1 ml pour tourner le travail (24 m).

Note : la ml en fin de rang ne compte pas comme 1 m, elle sert uniquement à tourner le travail.

R2 : 1 ms, 1 aug, *2 ms, 1 aug* × 7, 1 ms, 1 ml, tourner le travail (32 m).
R3 : 4 ms, 6 ml, passer 8 m (emmanchure), 8 ms, 6 ml, passer 8 m (emmanchure), 4 ms, 1 ml, tourner le travail (28 m).
R4 : 3 ms, 1 aug, *6 ms, 1 aug* × 3, 3 ms, 1 ml, tourner le travail (32 m).

Suite réalisation…

Poupée Alix et ses accessoires

R5 : 1 ms dans chaque m, 1 ml, tourner le travail (32 m).
R6 : 1 aug, 30 ms, 1 aug, 1 ml, tourner le travail (34 m).
R7 : 1 ms dans chaque m, 1 ml, tourner le travail (34 m).
R8 : 1 aug, 32 ms, 1 aug, 1 ml, tourner le travail (36 m).
R9 et R10 (2 rangs) : 1 ms dans chaque m, 1 ml, tourner le travail (36 m) *(photo 11)*.
Assembler les 2 extrémités en rond et poursuivre en spirale (soit ne plus faire de ml et ne plus tourner le travail).
T11 : *1 ms, 1 aug* × 18 (54 m).
T12 à T22 (11 tours) : 1 dB dans chaque m (54 m).
Repérer le milieu de l'entrejambe et compter 26 m pour chaque jambe. Il reste 1 m de libre de chaque côté de l'entrejambe (repérer ce dernier au dos et au-devant par des épingles, *(photo 12)*.
Avancer de 2 ou 3 dB pour arriver au repère du début de la 1ʳᵉ jambe et assembler la dernière m du dos avec la 1ʳᵉ m du devant par 1 mc.

Note : les m de la 1ʳᵉ jambe sont maintenant en rond. Continuer ainsi :

Première jambe
T23 : 1 ml, 1 dB dans chaque m (26 m).
T24 : 1 dB dans chaque m (26 m) *(photo 13)*.
T25 : 3 dB, 10 dim de dB, 3 dB (16 m).
T26 et T27 (2 tours) : 1 ms dans chaque m (16 m).
Terminer par 1 mc. Couper et rentrer le fil.

Deuxième jambe
T23 : attacher le fil (par 1 mc, puis 1 ml dans le dos de l'ouvrage au niveau du repère), crocheter 1 dB dans les 26 m suivantes (26 m) *(photo 14)*.
Poursuivre en spirale.
T24 à T27 : comme pour la 1ʳᵉ jambe.
Terminer par 1 mc. Couper et rentrer le fil.
Coudre l'ouverture de l'entrejambe.
Ajouter des liens (formés par 1 brin de laine ou chaînette crochetée) ou 1 bouton + 1 boutonnière au dos de l'encolure.
Broder un petit flocon avec 1 fil contrastant sur la poitrine.

Bonnet
En coloris n°971 et crochet n°2,75.

Note : se crochète en aller-retour.

Commencer par une chaînette de 60 ml + 1 ml pour tourner le travail (60 m).
R1 : en commençant dans la 2ᵉ ml en partant du crochet, 4 ms, 6 dB, 40 B, 6 dB, 4 ms, 1 ml pour tourner le travail (60 m).

R2 à R9 (8 rangs) : 4 ms, 6 dB, 40 B, 6 dB, 4 ms,
1 ml pour tourner le travail (60 m).
Continuer *en coloris n°310*.
R10 (bordure) : 1 ms dans chaque m (60 m) *(photo 15)*.
Couper et rentrer le *coloris n°310*. Couper suffisamment
de *fil n°971* pour l'assemblage.

Assemblage et finitions

* Plier le rectangle en 2 et coudre les extrémités *(photo 16)*. Retourner le bonnet et rentrer le fil.
* Réaliser des liens *en coloris n°310*. Pour cela, laisser du fil (pour l'assemblage du pompon), crocheter une chaînette de 18 ml, piquer à la base du bonnet et crocheter 15 ms sur la nuque, et à nouveau 18 ml. Couper suffisamment de fil pour l'assemblage du pompon.
* Toujours *en coloris n°310*, réaliser 2 pompons de 4 cm de diamètre et les coudre aux extrémités des liens. Rentrer les derniers fils *(photo 17)*.

Bottines (× 2)

En coloris n°11.

> Note : se crochète en ovale, autour de la chaînette de base.

Crocheter une chaînette de 5 ml + 1 ml pour tourner le travail (5 m).
T1 : en commençant dans la 2ᵉ ml en partant du crochet, 4 ms, 3 ms dans la dernière ml pour passer de l'autre côté de la chaînette de base, 3 ms, 1 aug (12 m).
T2 : 1 aug, 3 ms, 4 aug, 3 ms, 1 aug (18 m).
T3 : 1 ms, 1 aug, 5 ms, 4 aug, 5 ms, 1 aug, 1 ms (24 m).
Continuer *en coloris n°37*.
T4 (en piquant uniquement dans le brin arrière des m) : 1 ms dans chaque m (24 m).
T5 : 1 ms dans chaque m (24 m).
Continuer *en coloris n°41*.
T6 et T7 (2 tours) : 1 ms dans chaque m (24 m).
T8 : 8 ms, 5 dim, 6 ms (19 m).
T9 : 9 ms, 1 dim, 8 ms (18 m).
Tours 10-12 (3 tours) : 1 ms dans chaque m. (18)
Tour 13 : Former le picot en crochetant dans les brins avant : 1 mc + 2 ml dans chaque m. Finir le tour avec 1 mc. Prendre *le fil Hémoglobine* et crocheter dans les brins arrière du tour 12.
Tour 14 : 1 ms dans chaque m. (18)
Terminer par 1 mc. Couper et rentrer les fils *(photo 18)*.

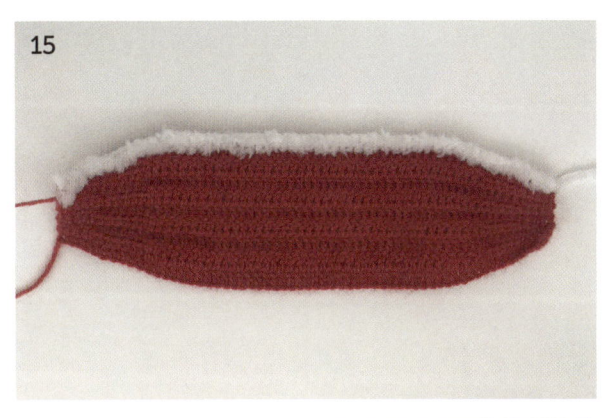

Moufles (× 2)

En coloris n°091.
T1 : 2 ml, 6 ms dans la 1ʳᵉ ml (6 m).
T2 : 6 aug (12 m).
T3 : *3 ms, 1 aug* × 3 (15 m).
T4 : 1 ms dans chaque m (15 m).
T5 : 7 ms, 1 bobble (= pouce), 7 ms (15 m).
T6 à T10 (5 tours) : 1 ms dans chaque m (15 m).
Terminer par 1 mc. Couper et rentrer le fil.
Pour le lien, réaliser une chaînette de 60 ml et le coudre sur le haut des moufles. Couper et rentrer les fils.

Suite réalisation...

Accessoires

Bonhomme en pain d'épices
Corps

> Note : il se commence par la tête.

Tête
En coloris n°2765.
T1 : 2 ml, 6 ms dans la 1re ml (6 m).
T2 : 6 aug (12 m).
T3 : *1 ms, 1 aug* × 6 (18 m).
T4 : *2 ms, 1 aug* × 6 (24 m).
T5 à T8 (4 tours) : 1 ms dans chaque m (24 m).
T9 : *2 ms, 1 dim* × 6 (18 m).
Commencer le rembourrage à ce niveau, et le poursuivre au fur et à mesure.
T10 : *1 ms, 1 dim* × 6 (12 m).
T11 : *1 ms, 1 dim* × 4 (8 m).
Ne pas couper le fil, mais continuer ainsi :

Buste
T12 : *1 ms, 1 aug* × 4 (12 m).
T13 : *3 ms, 1 aug* × 3 (15 m).
T14 : 1 ms dans chaque m (15 m).
T15 : *4 ms, 1 aug* × 3 (18 m).
T16 à T19 (4 tours) : 1 ms dans chaque m (18 m).
Repérer le milieu de l'entrejambe et prévoir 9 m pour chaque jambe *(photo 19)*.
Assembler la dernière m du dos avec la 1re m du devant par 1 ms et continuer en spirale.

Première jambe
T20 à T22 (3 tours) : 1 ms dans chaque m (9 m).
T23 : *1 ms, 1 dim* × 3 (6 m).
Couper une longueur de fil. Compléter le rembourrage. En s'aidant de l'aiguille à tapisserie passer le fil dans le brin avant des m du dernier tour pour resserrer.

Deuxième jambe
T20 à T23 (3 tours) : attacher le fil par 1 mc + ml dans le dos de l'ouvrage au niveau du repère puis crocheter comme pour la jambe précédente.
Couper une longueur de fil. Compléter le rembourrage. En s'aidant de l'aiguille à tapisserie passer le fil dans le brin avant des m du dernier tour pour resserrer.

Bras (× 2)
En coloris n°2765.
T1 : 2 ml, 6 ms dans la 1re ml (6 m).
T2 à T5 (4 tours) : 1 ms dans chaque m (6 m).
Terminer par 1 mc et rembourrer légèrement.
Couper suffisamment de fil pour l'assemblage.
Coudre de part et d'autre du haut du corps *(photo 20)*.

En coloris n°02, broder les yeux, la bouche, les boutons puis des zigzags sur le bas des bras et des jambes.

Nœud papillon
En coloris n°555.

> Note : se crochète en aller-retour.

Crocheter une chaînette de 4 ml + 1 ml pour tourner le travail.

> Note : la dernière m de chaque rang ne compte pas comme 1 m, elle sert uniquement à tourner le travail.

R1 : en commençant dans la 2e ml en partant du crochet, 4 ms, 1 ml, tourner le travail (4 m).
R2 à R5 (4 rangs) : 1 ms dans chaque m, 1 ml, tourner le travail (4 m).
R6 : 1 ms dans chaque m (4 m).
Couper et rentrer le fil.
Couper 1 brin d'environ 20 cm, le nouer au centre du rectangle pour le pincer. Placer le nœud papillon autour du cou du bonhomme. Le nouer dans le dos et rentrer les fils dans le corps à l'aide de l'aiguille à tapisserie *(photo 21)*.

Bâton renne
Tête
En coloris n°37.
T1 : 2 ml, 6 ms dans la 1re ml (6 m).
T2 : *1 ms, 1 aug* × 3 (9 m).
T3 : 1 ms dans chaque m (9 m).
T4 : *2 ms, 1 aug* × 3 (12 m).
T5 : *3 ms, 1 aug* × 3 (15 m).
T6 : 4 ms, 3 aug, 8 ms (18 m).
T7 : 4 ms, *1 ms, 1 aug* × 3, 8 ms (21 m).
T8 : *6 ms, 1 aug* × 3 (24 m).
T9 : 5 ms, *2 ms, 1 aug* × 3, 10 ms (27 m).
T10 : *8 ms, 1 aug* × 3 (30 m).
T11 : 7 ms, *3 ms, 1 aug* × 3, 11 ms (33 m).
T12 : *10 ms, 1 aug* × 3 (36 m).
T13 : *11 ms, 1 aug* × 3 (39 m).
Commencer le rembourrage et le poursuivre au fur et à mesure.
T14 à T16 (3 tours) : 1 ms dans chaque m (39 m).
T17 : 36 ms, 3 ml (= fente), passer les 3 m suivantes (39 m).
T18 : *11 ms, 1 dim* × 3 (36 m).
T19 : 1 ms dans chaque m (36 m).

T20 : *4 ms, 1 dim* × 6 (30 m).
T21 : *3 ms, 1 dim* × 6 (24 m).
T22 : *2 ms, 1 dim* × 6 (18 m).
T23 : *1 ms, 1 dim* × 6 (12 m).
T24 : 6 dim (6 m).
Couper une longueur de fil. Compléter le rembourrage, puis, en s'aidant de l'aiguille à tapisserie, passer le fil dans le brin avant des m du dernier tour pour resserrer. Rentrer le fil.

Bâton
En coloris n°37.
T1 : 2 ml, 6 ms dans la 1re ml (6 m).
T2 à T31 (30 tours) : 1 ms dans chaque m (6 m).
T32 : 6 aug (12 m).
T33 : *1 ms, 1 aug* × 6 (18 m).
T34 à T36 (3 tours) : 1 ms dans chaque m (18 m).
Crocheter encore 6 ms et terminer par 1 mc.
Glisser la pique à brochette dans le tube et rembourrer le haut du support.
Placer le bâton sous la tête, les 6 dernière ms vers l'arrière et en introduisant la pique dans la fente. Coudre tout autour du support. Couper et rentrer les fils.

Oreilles (× 2)
En coloris n°37.
T1 : 2 ml, 4 ms dans la 1re ml (4 m).
T2 : *1 aug, 1 ms* × 2 (6 m).
T3 : *1 ms, 1 aug* × 3 (9 m).
T4 et T5 (2 tours) : 1 ms dans chaque m (9 m).
Aplatir le bas de l'oreille, puis crocheter 4 ms, en prenant les 2 épaisseurs en même temps pour fermer.
Pour chaque oreille, replier dans la longueur avant de coudre les oreilles sur la tête au niveau des tours 16 et 17, en les espaçant de 9 m. Rentrer et couper les fils.

Bois (× 2)
En coloris n°41.
T1 : 2 ml, 6 ms dans la 1re ml (6 m).
T2 et T3 (2 tours) : 1 ms dans chaque m (6 m).
T4 : 2 ms, 1 bobble, 3 ms (6 m).
T5 à T7 (3 tours) : 1 ms dans chaque m (6 m).
Terminer par 1 mc et rembourrer légèrement.
Couper suffisamment de fil pour l'assemblage *(photo 22)*.
Assembler de part et d'autre de la tête, juste à côté des oreilles.
Enfin, avec le *fil noir*, broder les yeux sur le tour 12, en les espaçant de 12 m.
Broder le nez *en coloris n°555* (ou n°41), et terminer par quelques petits points *en coloris n°02* sur le front *(photo 23)*.

LILUTH
La lutine

Auteure : Little Bichons
Instagram : @littlebichons

❄

Dimensions
Hauteur environ 24 cm

Fournitures

* Fil Natura Just Cotton DMC, 1 pelote dans les coloris suivants :
  n°01 Ibiza (blanc), n°14 Green Valley (vert foncé),
  n°20 Jade (bleu/vert), n°22 Tropic Brown (marron foncé),
  n°36 Gardénia (blanc cassé), n°37 Canelle (beige),
  n°41 Siena (marron), n°85 Giroflée (jaune moyen),
  n°555 Hémoglobine (rouge sang)
  et environ 30 cm de n°52 Géranium (rose moyen)
* Fil à broder noir
* 1 paire d'yeux de sécurité de 6 mm de diamètre
* 1 paire d'yeux de sécurité de 1 mm de diamètre (pour l'ourson, facultatif)
* 30 cm de fil de fer
* Ouate de rembourrage
* Blush ou craie à joue (pour Liluth)
* 1 crochet n°2,25
* 1 crochet n°2,75
* 1 aiguille à laine
* 1 paire de ciseaux
* Anneaux marqueurs amovibles
* Un peu de carton semi-rigide

Poupées et amigurumis de Noël au crochet

Liluth

Tête

En coloris n°36 et crochet n°2,25.

> Note : se crochète en ovale, autour de la chaînette de base.

Crocheter une chaînette de base de 5 ml + 1 ml pour tourner le travail (5 m).
T1 : en commençant dans la 2ᵉ ml en partant du crochet, 1 aug, 3 ms, 4 ms dans la dernière ml pour passer de l'autre côté de la chaînette de base, 3 ms, 1 aug (14 m).
T2 : 2 aug, 3 ms, 4 aug, 3 ms, 2 aug (22 m).
T3 : *1 ms, 1 aug* × 2, 3 ms, *1 ms, 1 aug* × 4, 3 ms, *1 ms, 1 aug* × 2 (30 m).
T4 : *2 ms, 1 aug* × 2, 3 ms, *2 ms, 1 aug* × 4, 3 ms, *2 ms, 1 aug* × 2 (38 m).
T5 : *8 ms, 1 aug* × 4, 2 ms (42 m).
T6 à T10 (5 tours) : 1 ms dans chaque m (42 m).
T11 : *6 ms, 1 aug* × 6 (48 m).
T12 à T17 (6 tours) : 1 ms dans chaque m (48 m).
T18 : 3 dim, 18 ms, 3 dim, 18 ms (42 m).
T19 : 2 dim, 15 ms, 3 dim, 15 ms, 1 dim (36 m).
T20 : *4 ms, 1 dim* × 6 (30 m).
T21 : *3 ms, 1 dim* × 6 (24 m).
T22 : *2 ms, 1 dim* × 6 (18 m).
Terminer par 1 mc. Couper suffisamment de fil pour l'assemblage.
Fixer les yeux de sécurité (de 6 mm) entre les tours 14 et 15, en les espaçant de 10 m.
En fil à broder noir, broder les sourcils au-dessus des yeux, au niveau du tour 11.
Mettre un peu de rose sur les joues.
Rembourrer fermement.

Oreilles (× 2)

En coloris n°36 et crochet n°2,25.
T1 : 5 ms dans un anneau magique (5 m).
T2 : 1 ms dans chaque m (5 m).
T3 : 5 aug (10 m).
T4 : 1 ms dans chaque m (10 m).
T5 : *4 ms, 1 aug* × 2 (12 m).
T6 : *3 ms, 1 aug* × 3 (15 m).
T7 et T8 (2 tours) : 1 ms dans chaque m (15 m).
Terminer par 1 mc. Couper suffisamment de fil pour l'assemblage.
Ne pas rembourrer.
Plier les oreilles en 2 et les coudre de part et d'autre de la tête, entre les tours 12 et 15.

Ajouter quelques points de couture sur le côté des oreilles (au niveau des tours 10 et 11 de la tête) pour qu'elles pointent vers le haut.

Nez

En coloris n°36 et crochet n°2,25.
T1 : 4 ms dans un anneau magique (4 m).
T2 : 1 ms dans chaque m (4 m).
T3 : 1 aug, 3 ms (5 m).
T4 : 1 aug, 4 ms (6 m).
T5 : *2 ms, 1 aug* × 2 (8 m).
Terminer par 1 mc. Couper suffisamment de fil pour l'assemblage.
Ne pas rembourrer.
Coudre le nez sur la tête, entre les tours 15 et 17, en le centrant entre les yeux.
Broder la bouche *en coloris n°52*, entre les tours 18 et 20, sous le nez *(photo 1)*.

Cheveux

En coloris n°41 et crochet n°2,25.
Base
T1 : 6 ms dans un anneau magique (6 m).
T2 : 6 aug (12 m).
T3 : *1 ms, 1 aug* × 6 (18 m).
T4 : *2 ms, 1 aug* × 6 (24 m).
T5 : *3 ms, 1 aug* × 6 (30 m).
T6 : *4 ms, 1 aug* × 6 (36 m).
T7 : *5 ms, 1 aug* × 6 (42 m).
T8 : *6 ms, 1 aug* × 6 (48 m).
T9 à T13 (5 tours) : 1 ms dans chaque m (48 m).
Terminer par 1 mc. Couper suffisamment de fil pour l'assemblage *(photo 2)*.

Tresses
Couper 36 brins d'environ 30 cm *en coloris n°41*, les plier en 2 et les nouer 2 par 2 dans 18 m consécutives du tour 13 de la base.

> Note : au besoin, ajuster ce nombre de tresses pour recouvrir la base des cheveux d'une oreille à l'autre dans le dos *(photo 3)*.

Séparer les brins en 2 parties égales et les tresser *(photo 4)*.
Placer les cheveux sur la tête, juste derrière les oreilles.
Coudre la base tout autour de la tête.

Frange
Broder quelques mèches sur le devant de la tête *(photo 5)*.

Little Bichons

Chapeau

Notes : crocheter de manière assez lâche avec le crochet n°2,25, ou utiliser le crochet n°2,75 pour que le chapeau ne soit pas trop raide. Les coloris sont précisés entre [ ].

T1 : [coloris n°85], 6 ms dans un anneau magique (6 m).
T2 : [coloris n°01], 1 ms dans chaque m (6 m).
T3 : [coloris n°85], 1 ms dans chaque m (6 m).
T4 : [coloris n°01], *1 ms, 1 aug* × 3 (9 m).
T5 : [coloris n°85], 1 ms dans chaque m (9 m).
T6 : [coloris n°01], *2 ms, 1 aug* × 3 (12 m).
T7 : [coloris n°85], 1 ms dans chaque m (12 m).
T8 : [coloris n°01], 1 ms dans chaque m (12 m).
T9 : [coloris n°85], *3 ms, 1 aug* × 3 (15 m).
T10 : [coloris n°01], *4 ms, 1 aug* × 3 (18 m).
T11 : [coloris n°20], 1 ms dans chaque m (18 m).
T12 : *2 ms [coloris n°20], 1 ms [coloris n°01]* × 6 (18 m).
T13 : [coloris n°20], *5 ms, 1 aug* × 3 (21 m).
T14 : 1 ms [coloris n°20], *1 ms [coloris n°01], 2 ms [coloris n°20]* × 6, 1 ms [coloris n°01], 1 ms [coloris n°20] (21 m).
T15 : [coloris n°20], *6 ms, 1 aug* × 3 (24 m).
T16 : *2 ms [coloris n°20], 1 ms [coloris n°01]* × 8 (24 m).
T17 : [coloris n°01], 1 ms dans chaque m (24 m).
T18 : [coloris n°01], *7 ms, 1 aug* × 3 (27 m).
T19 : [coloris n°01], 1 ms dans chaque m (27 m).
T20 : [coloris n°555], *1 ms, 1 ms en piquant le crochet dans la m de l'avant dernier tour* × 13, 1 ms (27 m) *(photo 6)*.
T21 : [coloris n°555], *8 ms, 1 aug* × 3 (30 m).
T22 : [coloris n°555], 1 ms dans chaque m (30 m).
T23 : [coloris n°01], *1 ms., 1 ms en piquant le crochet dans la m de l'avant dernier tour* × 15 (30 m).
T24 : [coloris n°01], *4 ms, 1 aug* × 6 (36 m).
T25 : [coloris n°01], 1 ms dans chaque m (36 m).

Suite réalisation...

Poupées et amigurumis de Noël au crochet

T26 : *2 ms [coloris n°20], 1 ms [coloris n°01]* × 12 (36 m).
T27 : [coloris n°20], *5 ms, 1 aug* × 6 (42 m).
T28 : 1 ms [coloris n°20], *1 ms [coloris n°01], 2 ms [coloris n°20]* × 13, 1 ms [coloris n°01], 1 ms [coloris n°20] (42 m).
T29 : [coloris n°20], 1 ms dans chaque m (42 m).
T30 : *2 ms [coloris n°20], 1 ms [coloris n°01]* × 14 (42 m).
T31 : [coloris n°20], *6 ms, 1 aug* × 6 (48 m).
T32 : [coloris n°01], 1 ms dans chaque m (48 m).
T33 : [coloris n°01], *7 ms, 1 aug* × 6 (54 m).
T34 : [coloris n°555], 1 ms dans chaque m (54 m).
T35 : [coloris n°555], 1 mc dans chaque m (sans serrer) (54 m).
Terminer par 1 mc. Couper suffisamment de fil pour l'assemblage.
Rembourrer.
Coudre le chapeau sur la tête, à cheval sur la frange.

Corps

Note : il se commence par les jambes.

Jambes (× 2)
En coloris n°85 et crochet n°2,25.
T1 : 5 ms dans un anneau magique (5 m).
T2 : 5 aug (10 m).
Continuer en coloris n°01.
T3 : 1 ms dans chaque m (10 m).
Continuer en coloris n°85.
T4 : 1 ms dans chaque m (10 m).
Continuer en coloris n°01.
T5 à T12 (8 tours) : répéter les T3 et T4 (10 m).
T13 (en piquant uniquement dans le brin arrière des m) : 1 ms dans chaque m (10 m).
T14 à T22 (9 tours) : 1 ms dans chaque m (10 m.).
Terminer par 1 mc et rentrer le fil.
À la fin de l'autre jambe, **ne pas couper le fil** et continuer ainsi :

Buste
T23 : réunir les jambes en crochetant 10 ms sur la 2ᵉ jambe, 3 ml, 10 ms sur l'autre jambe et 3 ms dans la chaînette de 3 ml (26 m).
Placer un anneau marqueur dans la m suivante (= début de tour).
T24 : *3 ms, 1 aug* × 6, 2 ms (32 m).
T25 à T33 (9 tours) : 1 ms dans chaque m (32 m).
T34 : *6 ms, 1 dim* × 4 (28 m).
T35 : 1 ms dans chaque m (28 m).
T36 : *5 ms, 1 dim* × 4 (24 m).
T37 : 1 ms dans chaque m (24 m).
T38 : *4 ms, 1 dim* × 4 (20 m).
T39 : *8 ms, 1 dim* × 2 (18 m).
T40 : 1 ms dans chaque m (18 m).
Continuer en coloris n°85.
T41 (en piquant uniquement dans le brin arrière des m) : 1 ms dans chaque m (18 m).
T42 : 1 ms dans chaque m (18 m).
Terminer par 1 mc, couper et rentrer le fil.
Rembourrer fermement le corps.
Pour un meilleur maintien de la tête, prendre le morceau de fil de fer, le plier en 2 et l'insérer dans le cou, en le laissant dépasser, puis insérer la tête dessus (photo 7).
Coudre la tête sur le corps.

Bordure des chaussettes (× 2)
En coloris n°85 et crochet n°2,25.
Placer Liluth, tête en bas, piquer le crochet dans 1 des brins libres du tour 12 des jambes et crocheter 1 mc dans chaque brin libre de ce tour.
Terminer par 1 mc et rentrer le fil.

Bras (× 2)
En coloris n°36 et crochet n°2,25.
T1 : 6 ms dans un anneau magique (6 m).
T2 : *2 ms, 1 aug* × 2 (8 m).
T3 : 1 ms dans chaque m (8 m).
Continuer en coloris n°555.
T4 : 1 ms dans chaque m (8 m).
T5 (en piquant uniquement dans le brin arrière des m) : 1 ms dans chaque m (8 m).
T6 : 1 ms dans chaque m (8 m).
Continuer en coloris n°01.
T7 : 1 ms dans chaque m (8 m).
Continuer en coloris n°555.
T8 et T9 (2 tours) : 1 ms dans chaque m (8 m).
Continuer en coloris n°01.
T10 à T17 (8 tours) : 1 ms dans chaque m (8 m).
Terminer par 1 mc. Couper suffisamment de fil pour l'assemblage.
Ne pas rembourrer.
Coudre les bras de chaque côté du corps, entre les tours 15 et 16.

Revers des manches (× 2)
En coloris n°555 et crochet n°2,25.
Tourner Liluth pour avoir les mains en l'air.
T1 (en piquant uniquement dans le brin avant resté libre des m du T4 du bras) : *1 ms, 1 aug* × 4 (12 m) (photo 8).
Terminer par 1 mc et rentrer le fil.

Robe

Haut
En coloris n°20 et crochet n°2,75.

> *Note : se crochète en aller-retour.*

Crocheter une chaînette de base de 18 ml + 1 ml.
R1 : en commençant dans la 2ᵉ ml en partant du crochet, 18 ms, 1 ml pour tourner le travail (18 m).

> *Note : la ml en fin de rang (et des suivants) ne compte pas comme 1 m, elle sert uniquement à tourner le travail.*

R2 : 4 ms, 3 aug, 4 ms, 3 aug, 4 ms, 1 ml, tourner le travail (24 m).
R3 : 4 ms, 6 aug, 4 ms, 6 aug, 4 ms, 1 ml, tourner le travail (36 m).
R4 : 17 ms, 2 aug, 17 ms, 1 ml, tourner le travail (38 m).
R5 : 4 ms, 5 ml, passer 9 m (= 1ʳᵉ emmanchure), 12 ms, 5 ml, passer 9 m (= 2ᵉ emmanchure), 4 ms, 1 ml, tourner le travail (30 m).
R6 et R7 (2 rangs) : 1 ms dans chaque m, 1 ml, tourner le travail (30 m).
R8 : 30 ms (30 m), fermer en rond par 1 mc piquée dans la 1ʳᵉ m.
Ne pas couper le fil et poursuivre ainsi :

Jupe

> *Note : continuer en tours fermés, soit ne plus tourner le travail, fermer chaque tour par 1 mc piquée au sommet de la 1ʳᵉ B (non précisé par la suite).*

T9 (en piquant uniquement dans le brin arrière des m) :
2 ml, *1 B, 1 augB* × 15, 1 mc (45 m).
T10 : *2 B, 1 augB* × 15, 1 mc (60 m).
T11 : 1 B dans chaque m, 1 mc (60 m).
T12 : *9 B, 1 augB* × 6, 1 mc (66 m).
T13 (en piquant uniquement dans le brin avant des m) :
1 B dans chaque m, 1 mc (66 m)
T14 (en piquant uniquement dans le brin arrière des m) :
1 ml, *2 ms, 1 ml, passer 1 m* x 66 (132 m + 66 ml).
Terminer par 1 mc et rentrer le fil.

Volant
En coloris n°01 et crochet n°2,75.
T1 (en piquant dans le brin libre des m du T12 de la jupe) :
2 ml, *10 B, 1 augB* × 6, 1 mc dans la 1ʳᵉ m pour fermer en rond (72 m) *(photo 9)*.
T2 (en piquant uniquement dans le brin arrière des m) :
1 ml, *1 aug, 1 ml* x 66 (132 m + 66 ml).
Terminer par 1 mc et rentrer le fil.

Suite réalisation...

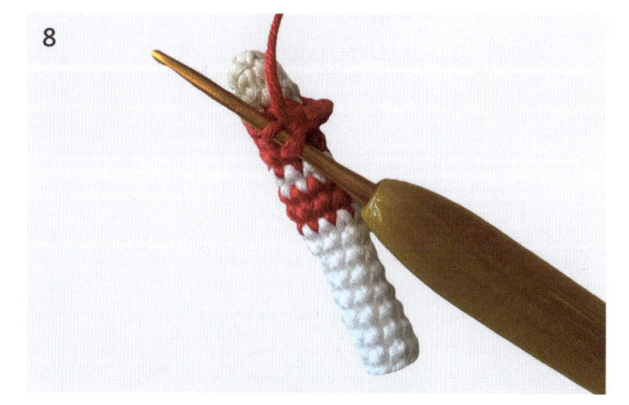

Tablier

En coloris n°01 et crochet n°2,75.

T1 (en piquant uniquement dans le brin libre des m du T8 de la robe) : 30 ms, fermer par 1 mc dans la 1re m, 1 ml (30 m) *(photo 10)*.
T2 : *6 ms, 1 aug* × 4, 2 ms, fermer par 1 mc dans la 1re m, 2 ml (34 m).

> *Note : les 2 ml à la fin de ce tour et des suivants, ne comptent pas comme des m.*

T3 (en piquant uniquement dans le brin avant des m) : *1 B, 1 augB* × 17, fermer par 1 mc dans la 1re B, 2 ml (51 m).
T4 : *2 B, 1 augB* × 17, fermer par 1 mc dans la 1re B, 2 ml (68 m).
T5 : 1 B dans chaque m, fermer par 1 mc dans la 1re B, 1 ml (68 m).
T6 (en piquant uniquement dans le brin arrière des m) : *1 aug dans la m suivante, 1 ml* (136 m + 68 ml).
Terminer par 1 mc et rentrer le fil.
Enfiler la robe sur Liluth et coudre l'ouverture à l'arrière, à l'aide du fil en attente du haut de la robe *(photo 11)*.

Collerette

> *Note : se crochète en aller-retour.*

En coloris n°555 et crochet n°2,25.
Crocheter une chaînette de base de 24 ml + 1 ml pour tourner le travail (24 m).
R1 : en commençant dans la 2e ml en partant du crochet, 24 ms, 1 ml, tourner le travail (24 m).
R2 : *5 ml, en commençant dans la 2e ml en partant du crochet, revenir le long de la chaînette par [1 mc, 1 ms, 1 dB, 1 B], passer 2 m sur la chaînette de base, 1 mc dans la m suivante* × 8.
Terminer par 1 mc et couper suffisamment de fil pour l'assemblage *(photo 12)*.
Placer la collerette autour du cou et la coudre à l'arrière.

Bottines (× 2)

En coloris n°22 et crochet n°2,25.

> *Note : se crochète en ovale, autour de la chaînette de base.*

Crocheter une chaînette de base de 5 ml + 1 ml pour tourner le travail (5 m).
T1 : 1 aug, 3 ms, 4 ms dans la dernière m pour passer de l'autre côté de la chaînette, 3 ms, 1 aug (14 m).
T2 : 2 aug, 3 ms, 4 aug, 3 ms, 2 aug (22 m).

T3 (en piquant uniquement dans le brin arrière des m) :
1 ms dans chaque m (22 m).
T4 : 9 ms, 2 dim, 9 ms (20 m).
T5 : 6 ms, 4 dim, 6 ms (16 m).
T6 : 6 ms, 2 dim, 6 ms (14 m).
T7 : *6 ms, 1 aug* × 2 (16 m).
T8 : 1 ms dans chaque m (16 m).
Terminer par 1 mc et rentrer le fil.
Rembourrer le bout des bottines et les enfiler en bas des jambes.

Ours en peluche

Tête

En coloris n°37 et crochet n°2,25.
T1 : 4 ms dans un anneau magique (4 m).
T2 : 4 aug (8 m).
T3 : 1 ms dans chaque m (8 m).
T4 : 4 aug, 4 ms (12 m).
T5 : *1 ms, 1 aug* × 4, 4 ms (16 m).
T6 : *2 ms, 1 aug* × 4, 4 ms (20 m).
T7 : *3 ms, 1 aug* × 4, 4 ms (24 m).
T8 : *4 ms, 1 aug* × 4, 4 ms (28 m).
T9 et T10 (2 tours) : 1 ms dans chaque m (28 m).
T11 : 9 ms, [1 ms, 5 dB et 1 ms] dans le brin avant de la m suivante (= 1re oreille), 8 ms, [1 ms, 5 dB et 1 ms] dans le brin avant de la m suivante (= 2e oreille), 9 ms (26 m + les oreilles).

> *Note : au tour suivant, piquer le crochet dans le brin arrière libre des m 10 et 19 du tour 11 et passer les m constituant les oreilles (photo 13).*

T12 : *5 ms, 1 dim* × 4 (24 m).
T13 : *2 ms, 1 dim* × 6 (18 m).
Fixer les yeux de sécurité (de 1 mm de diamètre) entre les tours 5 et 6, en les espaçant de 6 m (ou les broder au même emplacement en *fil à broder noir*).
Rembourrer fermement.
T14 : *1 ms, 1 dim* × 6 (12 m).
T15 : 6 dim (6 m).
Terminer par 1 mc. Couper une longueur de fil, et, en s'aidant de l'aiguille à laine, le passer dans le brin avant des m du dernier tour pour resserrer. Rentrer le fil.
Broder le museau au niveau des tours 1 et 2.

Jambes (× 2)

En coloris n°37 et crochet n°2,25.
T1 : 5 ms dans un anneau magique (5 m).
T2 : 5 aug (10 m).
T3 : 3 ms, 2 dim, 3 ms (8 m).
T4 : 2 ms, 2 dim, 2 ms (6 m).
T5 à T7 (3 tours) : 1 ms dans chaque m (6 m).
Terminer par 1 mc. Rentrer le fil.
Ne pas rembourrer.

Bras (× 2)

En coloris n°37 et crochet n°2,25.
T1 : 6 ms dans un anneau magique (6 m).
T2 : *2 ms, 1 aug* × 2 (8 m).
T3 : 1 ms dans chaque m (8 m).
T4 : *2 ms, 1 dim* × 2 (6 m).
T5 à T7 (3 tours) : 1 ms dans chaque m (6 m).
Terminer par 1 mc. Rentrer le fil.
Ne pas rembourrer.

Corps

En coloris n°37 et crochet n°2,25.
T1 : 6 ms dans un anneau magique (6 m).
T2 : 6 aug (12 m).
T3 : *1 ms, 1 aug* × 6 (18 m).
T4 : *2 ms, 1 aug* × 6 (24 m).

> *Note : au tour suivant, pour insérer les jambes, aplatir le haut de la jambe et piquer le crochet dans les m de toutes les épaisseurs. Attention à bien orienter les 2 pieds dans le même sens (photo 14).*

T5 : 3 ms en piquant dans la 1re jambe et le corps en même temps, 9 ms, 3 ms en piquant dans l'autre jambe et le corps en même temps, 9 ms (24 m).
T6 et T7 (2 tours) : 1 ms dans chaque m (24 m).
T8 : *6 ms, 1 dim* × 3 (21 m).
T9 : *5 ms, 1 dim* × 3 (18 m).
T10 : *4 ms, 1 dim* × 3 (15 m).

> *Note : au tour suivant, insérer les bras selon le même principe que les jambes.*

T11 : 3 ms en piquant dans le 1er bras et le corps en même temps, 5 ms, 3 ms en piquant dans l'autre bras et le corps en même temps, 4 ms (15 m).
T12 : *3 ms, 1 dim* × 3 (12 m).
Terminer par 1 mc. Couper suffisamment de fil pour l'assemblage.
Rembourrer fermement le corps.
Coudre la tête sur le corps.

Suite réalisation...

Nœud

En coloris n°555 et crochet n°2,25.
Commencer sur une chaînette de base de 50 ml, tourner le travail. Commencer dans la 2ᵉ ml en partant du crochet, 49 ms.
Terminer par 1 mc. Couper environ 2 mm de fil. Nouer le lien autour du cou *(photo 15)*.

Boîte à cadeau carrée

Base

En coloris n°14 et crochet n°2,25.
T1 : 4 ms dans un anneau magique (4 m).
T2 : 3 ms dans chaque m (12 m).
T3 : 1 ms, *1 augD dans la m suivante, 2 ms* × 3, 1 augD dans la m suivante, 1 ms (20 m).
T4 : 2 ms, *1 augD dans la m suivante, 4 ms* × 3, 1 augD dans la m suivante, 2 ms (28 m).
T5 : 3 ms, *1 augD dans la m suivante, 6 ms* × 3, 1 augD dans la m suivante, 3 ms (36 m).
T6 : 4 ms, *1 augD dans la m suivante, 8 ms* × 3, 1 augD dans la m suivante, 4 ms (44 m).
T7 (en piquant uniquement dans le brin arrière des m) : 1 ms dans chaque m (44 m).
T8 à T19 (12 tours) : 1 ms dans chaque m (44 m).
Terminer par 1 mc et rentrer le fil.

Couvercle

En coloris n°14 et crochet n°2,25.
T1 à T6 : comme pour la base.
T7 : 5 ms, *1 augD dans la m suivante, 10 ms* × 3, 1 augD dans la m suivante, 5 ms (52 m).
T8 (en piquant uniquement dans le brin arrière des m) : 1 ms dans chaque m (52 m).
T9 et T10 (2 tours) : 1 ms dans chaque m (52 m).
Terminer par 1 mc et rentrer le fil.

Assemblage

* Pour une meilleure tenue, fabriquer un cube en carton de la taille de la boîte et l'insérer à l'intérieur *(photo 16)*. Sinon, rembourrer légèrement la base.
* Décorer en nouant un morceau de fil au choix.

Boîte à cadeau ronde

Base

En coloris n°555 et crochet n°2,25.
T1 : 7 ms dans un anneau magique (7 m).
T2 : 7 aug (14 m).
T3 : *1 ms, 1 aug* × 7 (21 m).
T4 : *2 ms, 1 aug* × 7 (28 m).
T5 : *3 ms, 1 aug* × 7 (35 m).
T6 : 2 ms, 1 aug, *4 ms, 1 aug* × 6, 2 ms (42 m).
T7 (en piquant uniquement dans le brin arrière des m) : 1 ms dans chaque m (42 m).
T8 à T15 (8 tours) : 1 ms dans chaque m (42 m).
Terminer par 1 mc et rentrer le fil.

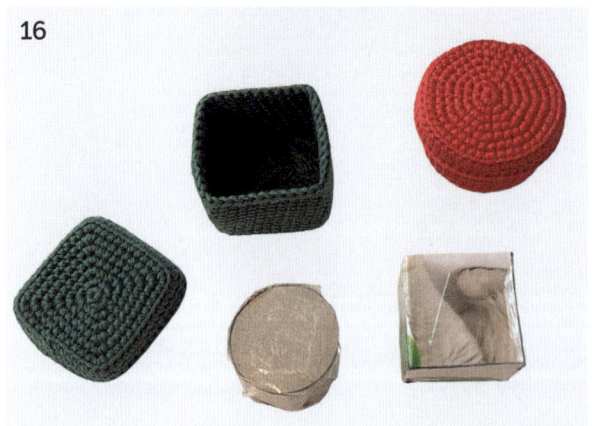

Couvercle

En coloris n°555 et crochet n°2,25.
T1 à T6 : comme pour la base.
T7 : *5 ms, 1 aug* × 7 (49 m).
T8 (en piquant uniquement dans le brin arrière des m) : 1 ms dans chaque m (49 m).
T9 et T10 (2 tours) : 1 ms dans chaque m (49 m).
Terminer par 1 mc et rentrer le fil.

Assemblage

* Pour une meilleure tenue, fabriquer un cylindre en carton de la taille de la boîte et l'insérer à l'intérieur. Sinon, rembourrer légèrement.
* Décorer en nouant un morceau de fil au choix.

Little Bichons

Poupées et amigurumis de Noël au crochet

Pierre, le pingouin
de Noël

Auteure : Soledad
Instagram : @handmadelenon

❄

*Je vous présente Pierre !
Le pingouin le plus poli et amical que vous puissiez rencontrer.
Il aime lire, il est très studieux et place la justice au-dessus de tout.*

Dimensions
Hauteur : environ 18 cm

Fournitures

* Natura Just Cotton DMC, 1 pelote dans les coloris suivants : n°11 Noir (noir), n°23 Passion (rouge), n°01 Ibiza (blanc), n°16 Tournesol (jaune clair)
* 1 paire d'yeux de sécurité de 6 mm de diamètre
* Ouate de rembourrage
* Fard à joue (facultatif)
* 1 crochet n°2
* 1 aiguille à laine
* 1 paire de ciseaux
* Anneaux marqueurs amovibles
* Épingles
* 1 appareil à pompon de 4 cm de diamètre (facultatif)

Poupées et amigurumis de Noël au crochet

Pierre, le pingouin de Noël

◆ ◆ ◆

*Note préalable :
sauf mention contraire,
toujours crocheter en spirale.*

Corps

Bas du corps
En coloris n°11.

Note : se crochète en ovale, autour de la chaînette de base.

Crocheter une chaînette de base de 12 ml + 1 ml pour tourner le travail (12 m).
T1 : en commençant dans la 2ᵉ ml en partant du crochet, 1 aug, 10 ms, 4 ms dans la dernière m pour passer de l'autre côté de la chaînette, 10 ms, 1 aug (28 m) *(photo 1)*.
T2 : 1 aug, 12 ms, 2 aug, 12 ms, 1 aug (32 m).
T3 : *3 ms, 1 aug* × 8 (40 m).
T4 : *4 ms, 1 aug* × 8 (48 m).
T5 : *7 ms, 1 aug* × 6 (54 m).
T6 : *8 ms, 1 aug* × 6 (60 m).
T7 : *9 ms, 1 aug* × 6 (66 m).
T8 : *10 ms, 1 aug* × 6 (72 m).
T9 : *11 ms, 1 aug* × 6 (78 m).
T10 à T18 (9 tours) : 1 ms dans chaque m (78 m).
Continuer *en coloris n°23.*
T19 : 1 ms dans chaque m (78 m) *(photo 2)*.
Terminer par 1 mc. Rentrer les fils.

Ourlet du pull
En coloris n°23.
Placer le bas du corps vers le haut (« tête en bas ») et commencer dans la m du milieu du tour 19 *(photo 3)*.
T1 (en piquant uniquement dans le brin avant des m du dernier tour du bas du corps) : 1 ms dans chaque m (78 m).
T2 : 1 ms dans chaque m (78 m).
Terminer par 1 mc. Rentrer les fils.

Note : crocheter d'abord les yeux et le bec avant de terminer le haut du corps.

Yeux (× 2)

En coloris n°01.
T1 : 6 ms dans un anneau magique (6 m).
T2 : 6 aug (12 m).
T3 : *1 ms, 1 aug* × 6 (18 m).
T4 : *2 ms, 1 aug* × 6 (24 m).
Terminer par 1 mc. Couper suffisamment de fil pour l'assemblage.

Bec

En coloris n°16.

> Note : se crochète en ovale, autour de la chaînette de base.

Crocheter une chaînette de base de 3 ml + 1 ml, tourner le travail (3 m).
T1 : en commençant dans la 2ᵉ ml en partant du crochet, 1 aug, 1 ms, 3 ms dans la dernière ml pour passer de l'autre côté de la chaînette, 1 ms, 1 aug (9 m).
T2 : 1 aug, 3 ms, 1 aug, 4 ms (11 m).
T3 et T4 (2 tours) : 1 ms dans chaque m (11 m).
Terminer par 1 mc. Couper suffisamment de fil pour l'assemblage.

Pull et haut du corps

En coloris n°23.
Remettre le corps « tête en haut » et attacher le fil dans le brin arrière de la m du milieu du dos du tour 19 du bas du corps (= nouveau début de tour) *(photo 4)*.
T20 (en piquant uniquement dans le brin arrière des m du T19) : 1 ms dans chaque m (78 m).
T21 à T25 (5 tours) : 1 ms dans chaque m (78 m).
T26 : *11 ms, 1 dim* × 6 (72 m).
T27 à T32 (6 tours) : 1 ms dans chaque m (72 m).
T33 : *10 ms, 1 dim* × 6 (66 m).
T34 à T36 (3 tours) : 1 ms dans chaque m (66 m).

> Note : pour les tours suivants, les coloris sont précisés entre [ ].

T37 (en piquant uniquement dans le brin arrière des m) : 27 ms [coloris n°11], 18 ms [coloris n°01], 21 ms [coloris n°11] (66 m).
T38 à T40 (3 tours) : 27 ms [coloris n°11], 18 ms [coloris n°01], 21 ms [coloris n°11] (66 m).
Continuer *en coloris n°11*.
T41 : 1 ms dans chaque m (66 m).
T42 : *9 ms, 1 dim* × 6 (60 m).
T43 à T56 (14 tours) : 1 ms dans chaque m (60 m) *(photo 5)*.
Coudre les yeux entre les tours 39 et 49 de la tête, en les espaçant de 3 m. Puis fixer les yeux de sécurité entre les tours 3 et 4 des yeux crochetés.
Coudre le bec, entre les tours 40 et 43 de la tête.
Ajouter du fard à joue (facultatif) *(photo 6)*.
Rembourrer fermement et le compléter au fur et à mesure.
T57 : *8 ms, 1 dim* × 6 (54 m).
T58 : *7 ms, 1 dim* × 6 (48 m).
T59 : *6 ms, 1 dim* × 6 (42 m).
T60 : *5 ms, 1 dim* × 6 (36 m).
T61 : *4 ms, 1 dim* × 6 (30 m).
T62 : *3 ms, 1 dim* × 6 (24 m).
T63 : *2 ms, 1 dim* × 6 (18 m).
T64 : *1 ms, 1 dim* × 6 (12 m).
T65 : 6 dim (6 m).
Terminer par 1 mc. Couper une longueur de fil, et, en s'aidant de l'aiguille à laine, le passer dans le brin avant des m du dernier tour pour resserrer *(photo 7)*.
Rentrer les fils.

Suite réalisation...

Ailes (× 2)

En coloris n°11.
T1 : 6 ms dans un anneau magique (6 m).
T2 : 6 aug (12 m).
T3 : *1 ms, 1 aug* × 6 (18 m).
T4 : 1 ms dans chaque m (18 m).
T5 : *2 ms, 1 aug* × 6 (24 m).
T6 à T10 (5 tours) : 1 ms dans chaque m (24 m).
T11 : *3 ms, 1 aug* × 6 (30 m).
T12 à T18 (7 tours) : 1 ms dans chaque m (30 m).
T19 : *3 ms, 1 dim* × 6 (24 m).
T20 à T24 (5 tours) : 1 ms dans chaque m (24 m).
T25 : *2 ms, 1 dim* × 6 (18 m).
T26 : 1 ms dans chaque m (18 m).
T27 : *1 ms, 1 dim* × 6 (12 m).
T28 : 6 dim (6 m).
Terminer par 1 mc. Couper suffisamment de fil pour l'assemblage *(photo 8)*.

Col

En coloris n°23.

> Note : se crochète en aller-retour.

Crocheter une chaînette de base de 9 ml + 1 ml pour tourner le travail (9 m).
R1 : en commençant dans la 2e ml en partant du crochet, 9 ms, 1 ml, tourner le travail 9 m).

> Note : la dernière ml de ce rang (et des suivants) ne compte pas comme 1 m, elle sert juste à tourner le travail (non précisé par la suite).

R2 à T63 (62 rangs, en piquant uniquement dans le brin arrière des m) : 9 ms, 1 ml (9 m).
R64 (en piquant uniquement dans le brin arrière des m) : 9 ms (9 m).
Terminer par 1 mc. Couper suffisamment de fil pour l'assemblage.
Coudre les bords pour former un tube *(photo 9)*.
Placer le col sur la tête de Pierre et assembler le bas du col sur le haut du pull (en piquant dans le brin libre des m du tour 36 du haut du corps) *(photo 10)*.
En coloris n°01, broder un flocon sur le devant du pull *(photo 11)*.

Pieds (× 2)

En coloris n°16.

> Note : se crochète en ovale, autour de la chaînette de base.

Crocheter une chaînette de base de 5 ml + 1 ml pour tourner le travail (5 m).
T1 : en commençant dans la 2ᵉ ml en partant du crochet, 1 aug, 3 ms, 3 ms dans la dernière m pour passer de l'autre côté de la chaînette, 4 ms (12 m).
T2 : *1 ms, 1 aug* × 6 (18 m).
T3 : *2 ms, 1 aug* × 6 (24 m).
T4 : 1 ms dans chaque m (24 m).
T5 : *2 ms, 1 dim* × 6 (18 m).
T6 et T7 (2 tours) : 1 ms dans chaque m (18 m).
Crocheter encore 2 ms, puis aplatir l'ouverture et crocheter 9 ms en prenant toutes les épaisseurs en même temps (9 m). Terminer par 1 mc.
Couper suffisamment de fil pour l'assemblage *(photo 12)*.

Bonnet

En coloris n°23.
T1 : 6 ms dans un anneau magique (6 m).
T2 à T8 (7 tours) : 1 ms dans chaque m (6 m).
T9 : *1 ms, 1 aug* × 3 (9 m).
T10 à T16 (7 tours) : 1 ms dans chaque m (9 m).
T17 : *2 ms, 1 aug* × 3 (12 m).
T18 à T21 (4 tours) : 1 ms dans chaque m (12 m).
T22 : *3 ms, 1 aug* × 3 (15 m).
T23 à T25 (3 tours) : 1 ms dans chaque m (15 m).
T26 : *4 ms, 1 aug* × 3 (18 m).
T27 et T28 (2 tours) : 1 ms dans chaque m (18 m).
T29 : *2 ms, 1 aug* × 6 (24 m).
T30 à T32 (3 tours) : 1 ms dans chaque m (24 m).
T33 : *3 ms, 1 aug* × 6 (30 m).
T34 à T36 (3 tours) : 1 ms dans chaque m (30 m).
T37 : *4 ms, 1 aug* × 6 (36 m).
T38 : 1 ms dans chaque m (36 m).
T39 : *5 ms, 1 aug* × 6 (42 m).
T40 : 1 ms dans chaque m (42 m).
T41 : *6 ms, 1 aug* × 6 (48 m).
T42 : 1 ms dans chaque m (48 m).
T43 : *7 ms, 1 aug* × 6 (54 m).
T44 : 1 ms dans chaque m (54 m).
T45 : *8 ms, 1 aug* × 6 (60 m).
T46 à T54 (9 tours) : 1 ms dans chaque m (60 m).
Continuer *en coloris n°01*.
T55 (en piquant uniquement dans le brin arrière des m) : 1 dB dans chaque m, 1 mc dans la 1ʳᵉ dB, 1 ml (60 m).
T56 à T58 : 2 ml, *1 dB dans le brin avant de la m suivante, 1 dB dans le brin arrière de la m suivante* × 30, 1 mc dans la 1ʳᵉ dB (60 m).
Terminer par 1 mc. Couper et rentrer les fils.
Réaliser un pompon de 4 cm de diamètre *en coloris n°01* et le coudre au sommet du bonnet *(photo 13)*.

Assemblage *(photo 14)*

* Coudre les ailes de chaque côté du corps, sous le col, au niveau du tour 35, en les espaçant de 38 m.
* Assembler les jambes au niveau du tour 6, en les espaçant de 8 m.
* Fixer le bonnet sur la tête.
* *En coloris n°01*, broder un flocon sur le devant du pull.

14

PAPA ET MAMAN
Noël

Auteur : Valentin Carlettini
Instagram : @valentincarlettini
Sites : linktr.ee/valentin.c

Dimensions

Hauteur Papa Noël :
environ 18 cm
(bonnet inclus)

Hauteur Maman Noël :
environ 12 cm

Fournitures

* Fil Natura Just Cotton DMC, 1 pelote dans les coloris suivants :
  n°81 Acanthe (chair), n°01 Ibiza (blanc),
  n°121 Grey (gris), n°555 Hémoglobine (rouge sang),
  n°14 Green Valley (vert foncé), n°34 Bourgogne (bordeaux),
  n°85 Giroflée (jaune moyen), n°11 Noir (noir),
  un peu de n°52 Géranium (rose moyen)
  et de n°82 Lobélia (rose)
* Ouate de rembourrage
* 30 cm de câble fin et modulable (pour Maman)
* 1 pompon blanc (pour Papa)
* 1 crochet n°2,25
* 1 aiguille à tapisserie
* 1 paire de ciseaux
* Anneaux marqueurs amovibles

Poupées et amigurumis de Noël au crochet

Papa et Maman Noël

Note préalable :
sauf mention contraire,
toujours crocheter en spirale.

Papa Noël

Tête et corps

Note : rembourrer au fur et à mesure de l'avancée du travail, jusqu'à la fermeture complète.
Se commence par la tête. Pour les tours suivants, les coloris sont précisés entre [ ].

En coloris n°81.
T1 : 6 ms dans un anneau magique (6 m).
T2 : 6 aug (12 m).
T3 : *1 ms, 1 aug* × 6 (18 m).
T4 : *2 ms, 1 aug* × 6 (24 m).
T5 : *3 ms, 1 aug* × 6 (30 m).
T6 : 1 ms dans chaque m (30 m).
T7 : *4 ms, 1 aug* × 6 (36 m).
T8 : 1 ms dans chaque m (36 m).
T9 : *5 ms, 1 aug* × 6 (42 m).
T10 : 1 ms dans chaque m (42 m).
T11 : *6 ms, 1 aug* × 6 (48 m).
T12 et T13 (2 tours) : 1 ms dans chaque m (48 m).
T14 : *7 ms, 1 aug* × 6 (54 m).
T15 et T16 (2 tours) : 1 ms dans chaque m (54 m).
T17 : 21 ms, 12 ms en piquant dans le brin arrière des m (emplacement moustache), 21 ms (54 m).
T18 : *8 ms, 1 aug* × 6 (60 m).
T19 : 1 ms dans chaque m (60 m).
Continuer *en coloris n°121*.
T20 et T21 (2 tours) : 1 ms dans chaque m (60 m).
Continuer *en coloris n°555*.
T22 : 1 ms dans chaque m (60 m).
T23 et T24 : *2 ms [coloris n°01], 2 ms [coloris n°14]* × 15 (60 m).
Continuer *en coloris n°555*.
T25 (en piquant uniquement dans le brin arrière des m) : 1 ms dans chaque m (60 m) *(photo 1)*.
Continuer *en coloris n°121*.
T26 à T28 (3 tours) : 1 ms dans chaque m (60 m).
Continuer *en coloris n°34*.
T29 (en piquant uniquement dans le brin arrière des m) : 1 ms dans chaque m (60 m).
Continuer *en coloris n°11*.
T30 : 1 ms dans chaque m (60 m).
Continuer *en coloris n°34*.
T31 et T32 (2 tours) : 1 ms dans chaque m (60 m).
T33 : *8 ms, 1 dim* × 6 (54 m).
T34 : 1 ms dans chaque m (54 m).

T35 : *7 ms, 1 dim* × 6 (48 m).
T36 : *6 ms, 1 dim* × 6 (42 m).
T37 : *5 ms, 1 dim* × 6 (36 m).
T38 : *4 ms, 1 dim* × 6 (30 m).
T39 (en piquant uniquement dans le brin arrière des m) :
3 ms, 1 dim × 6 (24 m).
T40 : *1 ms, 1 dim* × 8 (16 m).
T41 : 8 dim (8 m).
Couper le fil et, en s'aidant de l'aiguille à tapisserie, le passer dans le brin avant des m du dernier tour pour resserrer.

Détail du pantalon

En coloris n°34.
Attacher le fil dans le dernier brin avant du tour 28 du corps et crocheter 60 mc lâches *(photo 2)*.
Terminer par 1 maille de finition, couper et rentrer le fil.

Bordure de stabilisation du bas du corps

En coloris n°34.
Attacher le fil dans le dernier brin avant du tour 38 du corps et crocheter 30 ms. Terminer par 1 maille de finition, couper et rentrer le fil.

Moustache

En coloris n°01.
Placer le personnage tête en bas, attacher le fil dans le brin avant libre de la 1re m du tour 17, puis crocheter sur le brin avant des 12 m libres de ce tour ainsi :
1 mc, 1 ms, 2 dB dans la m suivante, 3 B dans la m suivante, 2 dB dans la m suivante, 2 mc, 2 dB dans la m suivante, 3 B dans la m suivante, 2 dB dans la m suivante, 1 ms, 1 mc (20 m) *(photos 3 et 4)*.

Oreilles (× 2)

En coloris n°81.
T1 : 6 ms dans un anneau magique (6 m).
Couper suffisamment de fil pour l'assemblage.

Nez

En coloris n°81.
T1 : 3 ml (remplacent la 1re B) et 11 B dans un anneau magique (12 m).
Terminer par 1 mc. Couper le fil et, en s'aidant de l'aiguille à tapisserie, le passer dans le brin avant des m du tour pour resserrer *(photo 5 et 6)*.

Bras (× 2)

En coloris n°81.
T1 : 8 ms dans un anneau magique (8 m).
T2 à T4 (3 tours) : 1 ms dans chaque m (8 m).
Continuer *en coloris n°121*.
T5 à T11 (7 tours) : 1 ms dans chaque m (8 m).
Crocheter 1 ml, puis aplatir le sommet du bras et crocheter 4 ms en piquant dans les 2 épaisseurs en même temps pour fermer.
Terminer par 1 mc. Couper suffisamment de fil pour l'assemblage.

Bouton de ceinture

En coloris n°85.
T1 : 8 ms dans un anneau magique (8 m).
Terminer par 1 maille de finition. Couper suffisamment de fil pour l'assemblage.

Suite réalisation...

Papa et Maman Noël

Barbe

En coloris n°01.

Note : se crochète en aller-retour.

R1 : 6 ms dans un anneau magique, 1 ml, tourner le travail (6 m).

Note : la ml de fin de ce rang (et des suivants) ne compte pas comme 1 m, elle sert uniquement à tourner le travail.

R2 : *1 ms, 1 aug* × 3, 1 ml, tourner le travail (9 m).
R3 : *2 ms, 1 aug* × 3, 1 ml, tourner le travail (12 m).
R4 : *3 ms, 1 aug* × 3, 1 ml, tourner le travail (15 m).
R5 : *4 ms, 1 aug* × 3, 1 ml, tourner le travail (18 m).
R6 : *5 ms, 1 aug* × 3, 1 ml, tourner le travail (21 m).
R7 : 1 ms, *passer 1 m, 5 dB dans la m suivante, passer 1 m, 1 mc* × 2, passer 1 m, 6 B dans la m suivante, passer 1 m, *1 mc, passer 1 m, 5 dB dans la m suivante, passer 1 m* × 2, 1 ms (32 m).
Terminer par 12 ms sur la partie rectiligne (sur la m de chaque fin de rang, sans crocheter dans l'anneau magique) *(voir diagramme et photo 7)*. Couper suffisamment de fil pour l'assemblage.

Diagramme barbe (Papa Noël)

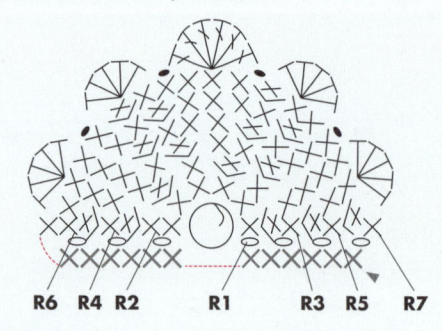

R6 R4 R2 R1 R3 R5 R7

Légendes

◄ Fin   ◯ 1 anneau magique

○ 1 ml : 1 jeté, écouler la boucle sur le crochet.

− 1 mc : piquer le crochet dans 1 m, 1 jeté et écouler toutes les boucles sur le crochet.

× 1 ms : piquer le crochet dans 1 m, 1 jeté à travers la m, 1 jeté, écouler toutes les boucles sur le crochet.

T 1 dB : 1 jeté avant de piquer le crochet dans 1 m, 1 jeté à travers la m, 1 jeté et écouler toutes les boucles sur le crochet.

ƒ 1 B : 1 jeté avant de piquer le crochet dans 1 m, 1 jeté à travers la m, puis répéter *1 jeté, écouler 2 boucles*.

⁀ 1 aug : crocheter 2 ms dans la même m.

Bonnet

En coloris n°34.
T1 : 6 ms dans un anneau magique (6 m).
T2 : *1 ms, 1 aug* × 3 (9 m).
T3 : 1 ms dans chaque m (9 m).
T4 : *2 ms, 1 aug* × 3 (12 m).
T5 : 1 ms dans chaque m (12 m).
T6 : *3 ms, 1 aug* × 3 (15 m).
T7 : 1 ms dans chaque m (15 m).
T8 : *4 ms, 1 aug* × 3 (18 m).
T9 : 1 ms dans chaque m (18 m).
T10 : *5 ms, 1 aug* × 3 (21 m).
T11 : 1 ms dans chaque m (21 m).
T12 : *6 ms, 1 aug* × 3 (24 m).
T13 : 1 ms dans chaque m (24 m).
T14 : *7 ms, 1 aug* × 3 (27 m).
T15 : 1 ms dans chaque m (27 m).
T16 : *8 ms, 1 aug* × 3 (30 m).
T17 : 1 ms dans chaque m (30 m).
T18 : *9 ms, 1 aug* × 3 (33 m).
T19 : 1 ms dans chaque m (33 m).
T20 : *10 ms, 1 aug* × 3 (36 m).
T21 : 1 ms dans chaque m (36 m).
T22 : *11 ms, 1 aug* × 3 (39 m).
T23 : 1 ms dans chaque m (39 m).
T24 : *12 ms, 1 aug* × 3 (42 m).
Continuer en coloris n°01.
T25 : 1 ms dans chaque m (42 m).
T26 (en piquant sous les m du T25 pour allonger les ms) :
1 ms dans chaque m (42 m) *(photo 8)*.
Terminer par 1 maille de finition. Couper et rentrer le fil.
Coudre le pompon blanc au sommet du bonnet.

Assemblage

En prenant la moustache comme repère *(photo 9)*, assembler tous les éléments ainsi :
* Coudre le nez au niveau du tour 15, au-dessus de la moustache.
* Coudre la partie rectiligne de la barbe entre les tours 17 et 18, en dessous de la moustache.
* Coudre les oreilles entre les tours 14 et 16, en les espaçant de 28 m.
* Coudre les bras entre les tours 20 et 21, en les espaçant de 26 m.
* Coudre le bouton de la ceinture au niveau du tour 30, en l'alignant avec le nez.
* Broder les yeux *en coloris n°11*, les sourcils *en coloris n°01*, les joues *en coloris n°82* et la bouche *en coloris n°52 (photo 10)*.
* Enfin, placer le bonnet sur la tête.

Maman Noël

Tête et corps

Note : rembourrer au fur et à mesure de l'avancée du travail, jusqu'à la fermeture complète. Se commence par la tête.

En coloris n°81.
T1 : 6 ms dans un anneau magique (6 m).
T2 : 6 aug (12 m).
T3 : *1 ms, 1 aug* × 6 (18 m).
T4 : *2 ms, 1 aug* × 6 (24 m).
T5 : *3 ms, 1 aug* × 6 (30 m).
T6 : 1 ms dans chaque m (30 m).
T7 : *4 ms, 1 aug* × 6 (36 m).
T8 : 1 ms dans chaque m (36 m).
T9 : *5 ms, 1 aug* × 6 (42 m).
T10 et T11 (2 tours) : 1 ms dans chaque m (42 m).
T12 : *6 ms, 1 aug* × 6 (48 m).
T13 à T15 (3 tours) : 1 ms dans chaque m (48 m).
T16 : *7 ms, 1 aug* × 6 (54 m).
T17 : 1 ms dans chaque m (54 m).
Continuer en coloris n°01.

Suite réalisation...

T18 : 1 ms dans chaque m (54 m).
Continuer *en coloris n°34*.
T19 (en piquant uniquement dans le brin arrière des m) :
1 ms dans chaque m (54 m).
T20 à T24 (5 tours) : 1 ms dans chaque m (54 m).
Continuer *en coloris n°01*.
T25 (en piquant uniquement dans le brin arrière des m) :
1 ms dans chaque m (54 m).
T26 : 1 ms dans chaque m (54 m).
Continuer *en coloris n°555*.
T27 : 1 ms dans chaque m (54 m).
Continuer *en coloris n°01*.
T28 et T29 (2 tours) : 1 ms dans chaque m (54 m).
Continuer *en coloris n°555*.
T30 : 1 ms dans chaque m (54 m).
Continuer *en coloris n°01*.
T31 : *7 ms, 1 dim* × 6 (48 m).
T32 : 1 ms dans chaque m (48 m).
Continuer *en coloris n°555*.
T33 : *6 ms, 1 dim* × 6 (42 m).
Continuer *en coloris n°01*.
T34 : *5 ms, 1 dim* × 6 (36 m).
T35 : *4 ms, 1 dim* × 6 (30 m).
T36 (en piquant uniquement dans le brin arrière des m) :
3 ms, 1 dim × 6 (24 m).
T37 : *1 ms, 1 dim* × 8 (16 m).
T38 : 8 dim (8 m).
Couper le fil, et en s'aidant de l'aiguille à tapisserie, le passer dans le brin avant des m du dernier tour pour resserrer. Rentrer le fil.

Col du chemisier

En coloris n°01.

Placer le personnage, tête en bas, puis attacher le fil sur le brin avant d'1 m du tour 18 du corps *(photo 11)*.
T1 (en prenant uniquement le brin avant libre des m du tour 18) : 17 ms, 1 dB, 2 B, 2 augB, 2 B, 2 dB, 2 mc, 2 dB, 2 B, 2 augB, 2 B, 1 dB, 17 ms (58 m).
Terminer par 1 maille de finition. Couper et rentrer le fil.

Bordure de stabilisation du bas du corps

En coloris n°01.

Avec le personnage, tête en bas, attacher le fil dans le dernier brin avant du tour 35 et crocheter 30 ms *(photo 12)*.
Terminer par 1 maille de finition.
Couper et rentrer le fil.

Robe

En coloris n°14.
Avec le personnage tête en bas, attacher le fil dans le dernier brin avant du tour 24 du corps.
T1 (en piquant uniquement dans le brin avant libre des m du T24 du corps) : *8 ms, 1 aug* × 6 (60 m) *(photo 13)*.
T2 : 1 mc, 3 ml (ne comptent pas comme 1 m), *4 B, 1 augB* × 12 (72 m).
T3 : 1 ms dans chaque m (72 m).
T4 : 1 mc, 3 ml (ne comptent pas comme 1 m), *5 B, 1 augB* × 12 (84 m).
T5 : 1 ms dans chaque m (84 m).
T6 (en piquant uniquement dans le brin avant des m) : *6 ms, 1 aug* × 12 (96 m).
Terminer par 1 maille de finition. Couper et rentrer le fil.

Jupon

En coloris n°14.
Toujours avec le personnage tête en bas, attacher le fil dans le dernier brin arrière du tour 5 de la robe, crocheter 2 ml, puis 1 mc sur chaque brin arrière des m. Couper et rentrer le fil.

Cheveux

Base

En coloris n°121.
T1 : 6 ms dans un anneau magique (6 m).
T2 : 6 aug (12 m).
T3 : *1 ms, 1 aug* × 6 (18 m).
T4 : *2 ms, 1 aug* × 6 (24 m).
T5 : *3 ms, 1 aug* × 6 (30 m).
T6 : *4 ms, 1 aug* × 6 (36 m).
T7 : 1 ms dans chaque m (36 m).
T8 : *5 ms, 1 aug* × 6 (42 m).
T9 : 1 ms dans chaque m (42 m).
T10 : *6 ms, 1 aug* × 6 (48 m).
T11 : 1 ms dans chaque m (48 m).
T12 : 14 ms, *passer 1 m, 5 dB dans la m suivante, passer 1 m, 1 ms* × 5, 14 ms (58 m).
Terminer par 1 maille de finition. Couper suffisamment de fil pour l'assemblage.

Chignon

En coloris n°121.
T1 : 6 ms dans un anneau magique (6 m).
T2 : 6 aug (12 m).
T3 : *1 ms, 1 aug* × 6 (18 m).
T4 : *2 ms, 1 aug* × 6 (24 m).
T5 et T6 (2 tours) : 1 ms dans chaque m (24 m).
T7 : *2 ms, 1 dim* × 6 (18 m).

13

Terminer par 1 mc. Couper suffisamment de fil pour l'assemblage.
Rembourrer légèrement.

Bras (× 2)

En coloris n°81.
T1 : 8 ms dans un anneau magique (8 m).
T2 à T4 (3 tours) : 1 ms dans chaque m (8 m).
Continuer *en coloris n°34.*
T5 à T9 (5 tours) : 1 ms dans chaque m (8 m).
Crocheter 1 ml, puis aplatir le haut du bras et crocheter 4 ms en piquant le crochet dans toutes les épaisseurs pour fermer. Couper suffisamment de fil pour l'assemblage.

Oreilles (× 2)

En coloris n°81.
T1 : 6 ms dans un anneau magique (6 m).
Couper suffisamment de fil pour l'assemblage.

Suite réalisation...

Boucles d'oreilles (× 2)

En coloris n°85.
T1 : 3 ml (remplacent la 1re B) et 11 B dans un anneau magique (12 m).
Terminer par 1 mc. Couper le fil, et en s'aidant de l'aiguille à tapisserie, le passer dans le brin avant des m pour resserrer.

Tablier

En coloris n°01.

> Note : se crochète en aller-retour.

R1 : 6 ms dans un anneau magique, 1 ml, tourner le travail (6 m).

> Note : la ml à la fin de ce rang (et des suivants) ne compte pas comme 1 m, elle sert juste à tourner le travail.

R2 : *1 ms, 1 aug* × 3, 1 ml, tourner le travail (9 m).
R3 : *2 ms, 1 aug* × 3, 1 ml, tourner le travail (12 m).
R4 : *3 ms, 1 aug* × 3, 1 ml, tourner le travail (15 m).
R5 : *4 ms, 1 aug* × 3, 1 ml, tourner le travail (18 m).
Liens et bordure (en tour) : crocheter 60 ml, 1 ml pour tourner le travail, revenir le long de la chaînette par 60 mc, répartir 9 ms sur la partie rectiligne du tablier, y compris dans l'anneau magique *(photo 14)*, crocheter encore 60 ml, 1 ml pour tourner le travail, revenir le long de la chaînette par 60 mc, puis répartir 18 mc sur la partie arrondie *(voir diagramme)*.
Terminer par 1 maille de finition. Couper et rentrer le fil.

Assemblage

S'aider du col pour centrer et coudre les différents éléments *(photo 15)*.

* Coudre les oreilles entre les tours 13 et 15, en les espaçant de 24 m.
* Coudre les boucles d'oreilles au niveau du tour 16.
* Coudre les bras de chaque côté, entre les tours 19 et 20, en les espaçant de 24 m.
* Coudre les cheveux au sommet de la tête, en alignant les mèches avec le col.
* Coudre le chignon à l'endroit voulu sur les cheveux.
* Broder les yeux *en coloris n°11*,
  les sourcils *en coloris n°121*,
  les joues *en coloris n°82*,
  la bouche *en coloris n°52*
  et les 2 boutons *en coloris n°85*.
* Former les lunettes avec le câble fin et modulable et les positionner sur le visage.
* Enfin, nouer le tablier au dos de Maman Noël *(photo 16)*.

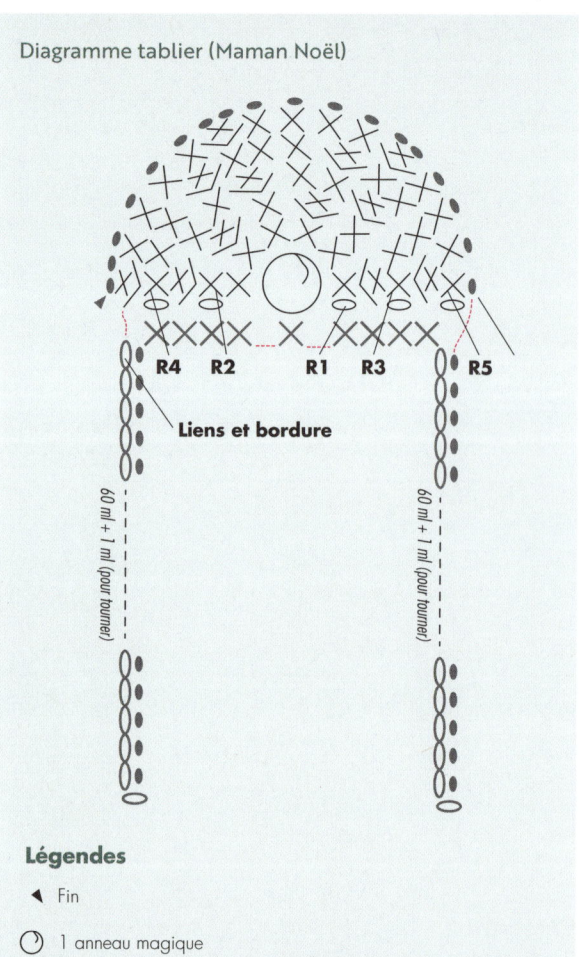

Diagramme tablier (Maman Noël)

Légendes

◀ Fin

◯ 1 anneau magique

◦ 1 ml : 1 jeté, écouler la boucle sur le crochet.

− 1 mc : piquer le crochet dans 1 m, 1 jeté et écouler toutes les boucles sur le crochet.

× 1 ms : piquer le crochet dans 1 m, 1 jeté à travers la m, 1 jeté, écouler toutes les boucles sur le crochet.

⋙ 1 aug : crocheter 2 ms dans la même m.

Valentin Carlettini

◇ ◇ ◇

15

16

87

Poupées et amigurumis de Noël au crochet

ARCHIBALD
le casse-noisette

Auteure : Virginie Karakus
Instagram : @ligneretro
Blog : ligneretro.com

❄

Dimensions
Hauteur : environ 23 cm

Fournitures

* Fil Natura Just Cotton DMC, 1 pelote dans les coloris suivants :
  n°18 Coral (corail) ou n°85 Giroflée (jaune moyen),
  un peu de n°11 Noir (noir), n°36 Gardénia (blanc cassé),
  n°121 Grey (gris) ou n°09 Gris argent (gris moyen),
  n°01 Ibiza (blanc), n°38 Canelle (beige),
  n° 87 Glacier (bleu pâle),
  n°25 Aigue marine (bleu) ou n°26 (bleu moyen),
  n°27 Star light (bleu foncé)
* Fil Lumina DMC, en coloris Or
* Fils à coudre noir et blanc
* Ouate de rembourrage
* Un peu de blush rose et 1 coton tige
* 1 cure-pipe
* 1 crochet n°2,5
* 1 aiguille à tapisserie
* 1 paire de ciseaux
* 1 aiguille à coudre
* Anneaux marqueurs amovibles

Poupées et amigurumis de Noël au crochet

Note préalable :
sauf mention contraire,
toujours crocheter en spirale.

Corps

Note : il se commence par les jambes.

Rembourrer fermement le corps au fur et à mesure de l'avancée et jusqu'en haut de la tête.

Jambes (× 2)

En coloris n°18 (ou n°85).
T1 : 6 ms dans un anneau magique (6 m).
T2 : 6 aug (12 m).
T3 : *1 ms, 1 aug* × 6 (18 m).
T4 : 1 ms dans chaque m (18 m).
T5 : 4 dim, 10 ms (14 m).
T6 : 2 dim, 10 ms (12 m).
T7 à T13 (7 tours) : 1 ms dans chaque m (12 m).
Continuer *en coloris Or*.

Note : fermer les tours suivants par 1 mc piquée dans la 1ʳᵉ m du tour (non précisé par la suite).

T14 : 2 ml (remplacent la 1ʳᵉ dB), 11 dB, 1 mc (12 m).
Continuer *en coloris n°18 (ou n°85)*.
T15 à T18 (4 tours) : 2 ml (remplacent la 1ʳᵉ dB), 11 ms, 1 mc (12 m).
Terminer par 1 mc. Couper le fil.
Crocheter l'autre jambe comme la précédente, mais ne pas couper le fil et poursuivre ainsi :

Buste

Aligner les jambes (veiller à ce que les pieds pointent dans le même sens).
T19 : 2 ml, 12 ms sur la 1ʳᵉ jambe *(photos 1 et 2)*, 2 ms la chaînette de ml, puis 12 ms sur l'autre jambe (28 m).
T20 : 1 ms dans chaque m (28 m).
T21 : *6 ms, 1 aug* × 4 (32 m).
T22 à T24 (3 tours) : 1 ms dans chaque m (32 m).
Continuer *en n°11 (photo 3)*.
T25 et T26 (2 tours) : 1 ms dans chaque m (32 m).
Continuer *en n°18 (ou n°85) (photo 4)*.
T27 à T29 (3 tours) : 1 ms dans chaque m (32 m).
T30 : *6 ms, 1 dim* × 4 (28 m).
T31 : 1 ms dans chaque m (28 m).
T32 : *5 ms, 1 dim* × 4 (24 m).
T33 à T36 (4 tours) : 1 ms dans chaque m (24 m).
T37 : *4 ms, 1 dim* × 4 (20 m).
T38 : 1 ms dans chaque m (20 m).

T39 : *3 ms, 1 dim* × 4 (16 m).
T40 : *2 ms, 1 dim* × 4 (12 m) *(photo 5)*.
Terminer par 1 mc. Couper et rentrer le fil.

Tête

Note : elle se crochète directement sur le haut du corps.

En coloris n°36.
Plier le cure pipe en 2, et le placer à l'extrémité du corps, de manière à consolider la position de la tête.
Attacher le fil dans la dernière m du tour 40 du buste.
T1 : *1 ms, 1 aug* × 6 (18 m).
T2 : *2 ms, 1 aug* × 6 (24 m).
T3 : *3 ms, 1 aug* × 6 (30 m).
T4 : *4 ms, 1 aug* × 6 (36 m).
T5 : *5 ms, 1 aug* × 6 (42 m).
T6 : 1 ms dans chaque m (42 m).
T7 : *6 ms, 1 aug* × 6 (48 m).
T8 : 1 ms dans chaque m (48 m).
T9 : *7 ms, 1 aug* × 6 (54 m).
T10 à T14 (5 tours) : 1 ms dans chaque m (54 m).
T15 : *7 ms, 1 dim* × 6 (48 m).
T16 : 1 ms dans chaque m (48 m).
T17 : *6 ms, 1 dim* × 6 (42 m).
T18 : 1 ms dans chaque m (42 m).
T19 : *5 ms, 1 dim* × 6 (36 m).
T20 : *4 ms, 1 dim* × 6 (30 m).
T21 : *3 ms, 1 dim* × 6 (24 m).
T22 : *2 ms, 1 dim* × 6 (18 m).
T23 : *1 ms, 1 dim* × 6 (12 m).
T24 : 6 dim (6 m).
Terminer par 1 mc. Couper une longueur de fil. Compléter le rembourrage. En s'aidant de l'aiguille à tapisserie, passer le fil dans le brin avant des m du dernier tour pour resserrer.

Bras (× 2)

En coloris n°36.
T1 : 8 ms dans un anneau magique (8 m).
T2 et T3 (2 tours) : 1 ms dans chaque m (8 m).
Continuer *en coloris Or.*
T4 et T5 (2 tours) : 1 ms dans chaque m (8 m).
Continuer *en coloris n°18 (ou n°85).*
T6 à T18 (13 tours) : 1 ms dans chaque m (8 m).
Terminer par 1 mc. Couper suffisamment de fil pour l'assemblage.
Ne pas rembourrer les bras.

Épaulettes (× 2)

En coloris Or.
T1 : 8 ms dans un anneau magique (8 m).
T2 : 8 aug (16 m).
T3 (en piquant uniquement dans le brin arrière des m) : 1 ms dans chaque m (16 m).
T4 : 1 ms dans chaque m (16 m).
T5 : 8 dim (8 m).
Terminer par 1 mc. Couper suffisamment de fil pour l'assemblage.
Rembourrer.

Chapeau

En coloris n°18 (ou n°85).
T1 : 6 ms dans un anneau magique (6 m).
T2 : 6 aug (12 m).
T3 : *1 ms, 1 aug* × 6 (18 m).
T4 : *2 ms, 1 aug* × 6 (24 m).
T5 : *3 ms, 1 aug* × 6 (30 m).
T6 : *4 ms, 1 aug* × 6 (36 m).
T7 : *5 ms, 1 aug* × 6 (42 m).
T8 : 1 ms dans chaque m (42 m).
T9 : *6 ms, 1 aug* × 6 (48 m).
T10 à T13 (4 tours) : 1 ms dans chaque m (48 m).

Suite réalisation...

T14 : *6 ms, 1 dim* × 6 (42 m).
T15 à T19 (5 tours) : 1 ms dans chaque m (42 m).
Terminer par 1 mc. Couper suffisamment de fil pour l'assemblage.
Rembourrer fermement.

Cheveux (× 2)
En coloris n°121 (ou n°09).

> *Note : ils sont composés de 2 demi-chevelures.*

Petite partie (× 1 par demi-chevelure)
T1 : 6 ms dans un anneau magique (6 m).
T2 : 6 aug (12 m).
T3 et T4 (2 tours) : 1 ms dans chaque m (12 m).
Terminer par 1 mc. Couper le fil.

Moyennes parties (× 2 par demi-chevelure)
T1 : 8 ms dans un anneau magique (8 m).
T2 et T3 (2 tours) : 1 ms dans chaque m (8 m).
Terminer par 1 mc. Couper le fil.
Crocheter une autre partie moyenne identique (b), mais ne pas couper le fil et assembler la demi-chevelure ainsi :
T4 : 4 ms dans la 1re partie moyenne, 12 ms dans la petite partie, 8 m dans la partie (b), 4 ms dans les m restantes de la 1re partie moyenne (28 m).
T5 : 1 ms dans chaque m (28 m).
Terminer par 1 mc. Couper suffisamment de fil pour l'assemblage.
Ne pas rembourrer.

Barbe
En coloris n°121 (ou n°09).
T1 : 6 ms dans un anneau magique (6 m).
T2 : 1 ms dans chaque m (6 m).
T3 : *1 ms, 1 aug* × 3 (9 m).
T4 : *2 ms, 1 aug* × 3 (12 m).
Terminer par 1 mc. Couper suffisamment de fil pour l'assemblage.
Ne pas rembourrer.

Moustaches (× 2)
En coloris n°121 (ou n°09).

> *Note : se crochète en aller-retour.*

R1 : crocheter une chaînette de base de 6 ml + 1 ml pour tourner le travail (6 m).
R2 : en commençant dans la 2e ml en partant du crochet, 1 ms, 1 dB, 2 B, 1 dB, 1 ms.
Couper le fil.

Couronne
En coloris Or.
T1 : crocheter une chaînette de 40 ml, fermer en rond par 1 mc dans la 1re m (40 m).
T2 : 2 ml (remplacent la 1re dB), 39 dB, 1 mc dans la 2e ml du début (40 m).
T3 : *passer 1 m, [3 B, 1 ml et 3 B] dans la m suivante, passer 1 m, 1 mc* × 10 (10 coquilles).
Couper suffisamment de fil pour l'assemblage.

Assemblage Casse-noisette

* **Bras :** coudre les épaulettes sur les bras (en prenant le brin externe des m) *(photos 6 et 7)*. Puis coudre les bras de chaque côté du haut du corps, tout le tour au niveau des épaulettes *(photos 8 et 9)*.
* **Chapeau et couronne :** épingler, puis coudre le chapeau entre les tours 15 et 16 de la tête (les tours se comptent en partant du bas de la tête) *(photo 10)*. Assembler la couronne par-dessus le bonnet *(photo 11)*.
* **Cheveux :** épingler, puis coudre les demi-chevelures de chaque côté de la tête, juste en-dessous du chapeau *(photo 12)*.
* **Broderies du buste et de la ceinture :** en coloris Or, commencer par broder la boucle de ceinture au milieu du devant (passer plusieurs fois sur chaque côté de la boucle) *(photo 13)*. Puis broder quelques points droits, en commençant 4 tours au-dessus de la ceinture, et en les espaçant de 2 tours. Réduire la largeur des points (d'1 m de chaque côté) au fur et à mesure *(photo 14)*.
* **Moustache :** épingler et coudre les 2 parties de la moustache, entre les tours 6 et 7 de la tête *(photo 15)*.
* **Barbe :** épingler puis coudre la barbe entre les tours 1 et 3 de la tête *(photo 16)*.
* **Finitions :**
  * Broder le nez *en coloris n°36* au-dessus des moustaches, au niveau des tours 8 et 9.
  * Broder le fond des yeux *en coloris n°01*, sur 1,5 m de large et 2,5 m de haut, entre les tours 10 et 12 de la tête, et en les espaçant de 7 m. Puis *en coloris n°11*, ajouter quelques points au centre.
  * Broder les sourcils *en coloris n°11* sur 2,5 m, 1 m au-dessus des yeux.
  * Déposer un peu de blush rose en tapotant légèrement avec un coton tige sous les yeux et sur le nez.

Suite réalisation...

Virginie Karakus

93

Poupées et amigurumis de Noël au crochet

Tambour

Base

En coloris n°87 (ou n°26).
T1 : 6 ms dans un anneau magique (6 m).
T2 : 6 aug (12 m).
T3 : *1 ms, 1 aug* × 6 (18 m).
T4 : *2 ms, 1 aug* × 6 (24 m).
T5 (en piquant uniquement dans le brin arrière des m) :
1 ms dans chaque m (24 m).
T6 : 1 ms dans chaque m (24 m).
Continuer *en coloris n°01*.
T7 à T11 (5 tours) : 1 ms dans chaque m (24 m).
Terminer par 1 mc. Couper et rentrer le fil.
Rembourrer fermement.

« Peau » du tambour

En coloris n°87 (ou n°26).
T1 à T6 : comme pour la base du tambour.
Terminer par 1 mc. Couper suffisamment de fil pour l'assemblage.

Lanière

En coloris n°37.

> Note : se crochète en aller-retour.

R1 : crocheter une chaînette de base de 40 ml + 1 ml pour tourner le travail (40 m).
R2 : en commençant dans la 2e ml en partant du crochet, 40 mc.
Terminer par 1 mc. Couper et rentrer le fil.

Baguettes (× 2)

En coloris n°37.

> Note : se crochètent en aller-retour.

R1 : crocheter une chaînette de base de 10 ml + 1 ml pour tourner le travail (10 m).
R2 : en commençant dans la 2 ml en partant du crochet, 10 mc (10 m).
Couper et rentrer le fil.

Embouts baguettes (× 2)

En coloris n°18 (ou n°25).
T1 : 6 ms dans un anneau magique (6 m).
T2 et T3 (2 tours) : 1 ms dans chaque m (6 m).
Terminer par 1 mc. Couper suffisamment de fil pour l'assemblage.
Rentrer la baguette à l'intérieur de l'embout sur 1 m et maintenir en place par quelques points.

Assemblage du tambour

* **Broderies** : broder des points verticaux de 3 m de hauteur et espacés de 2 m *en coloris n°25 (ou n°27)*, sur la base du tambour *(photo 17)*.
* Coudre la « peau » sur le haut de la base (en prenant le brin externe des m) *(photo 178)*.
* Fixer les extrémités de la lanière de chaque côté de la base, au niveau du tour 11.

Virginie Karakus

Poupées et amigurumis de Noël au crochet

Les éditions de saxe
3 chemin du Torey
69340 Francheville
www.edisaxe.com
© Les éditions de saxe 2022, 2023

Créateurs : Œuvre collective
Photos : Œuvre collective
Mise en page : Christine Lim
Dessins techniques : Céline Cantat

POUPÉES ET AMIGURUMIS DE NOËL AU CROCHET
BLOG042 – ISBN : 978-2-7565-3750-4
Imprimé en Europe
Dépôt légal : à parution

Aucune partie de ce document ne peut être reproduite de quelque manière que ce soit ou par quelque moyen que ce soit, qu'il s'agisse d'un moyen électronique ou mécanique. Les projets et illustrations de ce livre sont soumis au droit du copyright et tout usage, hormis un usage personnel, est strictement prohibé, y compris la reproduction, même partielle, et la vente des projets.

Les auteures et l'éditeur apportent le plus grand soin pour assurer l'exactitude des informations et instructions fournies et ne sauraient être tenus pour responsables des dommages de toute nature, directs ou indirects, qui résulteraient de l'utilisation de ce livre. L'éditeur ne saurait garantir la disponibilité des fournitures utilisées.